KUCHNIA Fit

Burda Publishing Polska Sp. z o.o. Spółka Komandytowa
02-674 Warszawa, ul. Marynarska 15

Dział handlowy:
tel. (48) 22 360 38 38
fax (48) 22 360 38 49

Sprzedaż wysyłkowa:
Dział Obsługi Klienta, tel. (48) 22 360 37 77

Redakcja:
Zofia Rokita

Korekta:
Joanna Zielewska, Zofia Smuga

Projekt graficzny okładki i makiety oraz skład:
Paweł Panczakiewicz/PANCZAKIEWICZ ART.DESIGN – www.panczakiewicz.pl

Zdjęcie na I stronie okładki:
Agnieszka Kozłowska

Redaktor prowadząca:
Agnieszka Radzikowska

Redaktor techniczny:
Mariusz Teler

Zdjęcia potraw i metamorfoz: Agnieszka Kozłowska
Jerzy Janiszewski str. 239; Radosław Czarnecki str. 195
Pozostałe zdjęcia pochodzą z prywatnych archiwów bohaterów.

Druk:
Białostockie Zakłady Graficzne S.A.

ISBN: 978-83-7778-896-7

www.burdaksiazki.pl

KUCHNIA Fit

Konrad Gaca

ŚNIADANIA • OBIADY • KOLACJE

książki Burda

Wstęp 8
Przepisy 11

Śniadania 13
Obiady 33
Kolacje 57
Desery 79
Pieczywo 103
Być fit po świętach 125

Tabele kaloryczne 163

Niezwykłe przemiany 179

Znani o Konradzie Gacy 229

Śniadania

Awokado faszerowane łososiem i serem 15
Bruschetta z rukolą i pieczywem chrupkim 16
Jajka faszerowane ogórkiem, rzodkiewką i koperkiem 17
Jajecznica z pomidorem i szczypiorkiem 18
Jajka faszerowane jogurtem i schabem 19
Kasza jaglana z truskawkami 20
Pasta łososiowa z pieczywem chrupkim 22
Płatki owsiane z imbirem i miodem 23
Płatki owsiane z jogurtem i suszoną śliwką 24
Ser biały z ogórkiem i koperkiem 25
Szpinakowa sałatka z orzechami i buraczkiem 26
Zupa mleczna z płatkami owsianymi 27

Obiady

Bakaliowe roladki z kurczaka nadziewane kiełkami 35
Dorsz zapiekany w czerwonych warzywach 36
Kremowy pasztet z kurczaka 37
Królik duszony w warzywach 39
Pieczony łosoś na grillowanych warzywach z sosem z awokado i limonki 40
Pierogi z serem i truskawkami 41
Pierogi z zieloną soczewicą 42
Pomarańczowy stek z polędwicy wołowej w asyście sałatki mista 43
Rosół z kluskami lanymi z mąki orkiszowej 44
Sałatka z soczewicy, papryki, pomidorów i marchwi z dodatkiem oleju rzepakowego 47
Stek z polędwicy wołowej z dodatkiem salsy z awokado i purée z selera 48
Zapiekana pierś z kurczaka z żurawiną na musie z sezamu i brokuł z brązowym ryżem 50

Kolacje

Dorsz pieczony w warzywach 59
Kurczak w musie brokułowo-migdałowym 60
Łosoś na parze z grillowanymi warzywami i purée z groszku 61
Pomidory faszerowane rzodkiewką, twarogiem i jogurtem 63
Pstrąg pieczony w jogurcie 64
Pstrąg w ziołach z warzywami gotowanymi na parze 65
Pstrąg zapiekany w pomidorach 67
Ryba po grecku 68
Sałatka z grillowanym kurczakiem 69
Sałatka z kurczaka z orzechami nerkowca, świeżym imbirem, miętą i bazylią 71
Sałatka z kurczakiem, sezamem i rukolą 72
Tatar z łososia z awokado i limonką 73

Desery

Brzoskwiniowa uczta ... 81
Chałwa ... 82
Jogurtowa panna cotta z musem malinowym ... 85
Kolorowe ptasie mleczko ... 86
Lody kawowe ... 88
Miodowy serek w gruszce ... 89
Naleśniki z wiśniami i pomarańczą ... 90
Serek kokosowo-czekoladowy ... 92
Sernik pomarańczowo-waniliowy ... 93
Serowe tiramisu ... 94
Sorbet limonkowy z bazylią ... 96
Szarlotka ... 97

Pieczywo

Chleb orkiszowo-żytni wieloziarnisty ... 105
Kukurydziany chleb bez mąki ... 106
Chleb z orzechami ... 107
Chleb żytni na zakwasie ... 108
Pikantne bułeczki orkiszowe z czarnuszką ... 110
Pita ziołowo-paprykowa ... 113
Chleb razowy na zakwasie ... 114
Świąteczne bułki śniadaniowe ... 116
Chleb wieloziarnisty ... 117
Chleb z kminkiem i słonecznikiem ... 118

Być fit po świętach

Barszcz wigilijny ... 127
Gołąbki wigilijne z kaszą i grzybami ... 128
Karp z pistacjami i pomarańczowymi buraczkami ... 131
Muffiny świąteczne ... 132
Razowe kluski z makiem ... 133
Pasztet drobiowy z kaszą jaglaną i żurawiną ... 134
Świąteczne pierogi z dynią, migdałami i cynamonem ... 136
Ryba po grecku z rodzynkami i pieczarkami ... 137
Racuchy z jabłkami ... 138
Sałatka jarzynowa ... 139
Tymbaliki rybne ... 140
Wigilijny kompot z suszu ... 142
Bakaliowa rolada cielęca ... 143
Pasztet z zielonej soczewicy ... 144
Pierogi z serem i świeżym szpinakiem ... 145
Jajka faszerowane pieczarkami z pieprzem cayenne ... 146
Sernik na zimno ... 147
Pulpeciki z indyka i szpinaku z sosem koperkowo-jogurtowym ... 148
Barszcz biały ze świeżym chrzanem ... 149
Sałatka ze słodkim winegretem, jajkiem i łososiem ... 150
Święconka wielkanocna ... 152
Tatar wołowy ... 153
Tymbaliki z jajem ... 155
Wędzone roladki z kurczaka ... 156

Wstęp

Wiesz już może, co zjesz na najbliższy posiłek? A może nie chce Ci się już wymyślać czegoś fajnego na śniadanie? Książka, którą trzymasz w dłoniach, jest pełna propozycji zdrowych i smacznych dań. Tak, smacznych. Wszyscy wiemy, że jedząc, ładujemy nasze wewnętrzne akumulatory w energię życiową, dostarczamy materiałów do regeneracji, pomagamy leczyć wiele chorób i im zapobiegać. Jedzenie to także kapitalna frajda. Dobrze dobrane, doprawione i podane posiłki cieszą oczy i podniebienie.

Książkę tę przygotowałem z myślą o wszystkich tych, którzy chcą się zdrowo odżywiać i być w formie. To idealny podręcznik dla osób po wyprowadzeniu z diety, które realizowały program Gaca System i zakończyły już ostatni etap odchudzania. Wszystkie przepisy, jakie tu znajdziecie, są elementem programów dietetycznych Gaca System. Ale podczas realizacji odchudzania dopasowane są indywidualnie gramaturami pod każdego pacjenta, jak również pod proces treningowy, który na danym etapie pacjent realizuje.

Wszystkich przepisów, jakie znajdziecie w tej książce, możecie trzymać się z aptekarską dokładnością, ale być może kogoś innego zainspirują one do stworzenia własnych zdrowych posiłków. Osoby, które chcą się na poważnie wziąć za odchudzanie, po te dania powinny sięgnąć dopiero po zakończeniu redukcji wagi. Na razie swoją przygodę ze zdrowym stylem życia powinny zacząć od Gaca System, korzystając z Gaca Centrum lub z największej platformy odchudzania online – gacasystem.pl. Tam otrzymają wszelką pomoc. Proszę pamiętać, że w trakcie odchudzania moi pacjenci otrzymują indywidualnie opracowane programy dietetyczne.

Zarówno tych, którzy są już w formie i tylko chcą o nią dbać, jak również tych, którzy planują zacząć swoją przygodę z odchudzaniem, zapraszam do przeczytania historii moich pacjentów. Przeczytajcie, jak dzięki odpowiednio dobranym

posiłkom, treningom i motywacji dokonali oni rzeczy niezwykłych – z osób zniszczonych przez otyłość i nadwagę zmienili się w tryskających energią, niesamowicie aktywnych ludzi. Kiedyś nie mieli ochoty wstać z kanapy, a teraz z przyjemnością trenują, startują w biegach ulicznych, a co najważniejsze, są szczęśliwi.

Wracając do spraw związanych z jedzeniem, warto pamiętać o kilku żelaznych zasadach, których przestrzegać powinni wszyscy: zarówno ci walczący o formę, jak i te osoby, które cieszą się nią od lat.

* Nawet najzdrowsze jedzenie w nadmiarze zamieni się w niechciane fałdki i oponki. Dlatego pamiętajcie, aby zawsze odchodzić od stołu z lekkim poczuciem głodu, tak aby nie towarzyszyło nam uczucie nasycenia. Kilka minut po odejściu od stołu poczucie, że można było zjeść więcej, minie.

* Jedzmy regularnie i 4–5 razy dziennie. To pozwoli nam jadać mniejsze porcje, a organizm dostanie szansę na właściwe przerobienie i wykorzystanie wszystkich składników odżywczych.

* To, co dobre na śniadanie, niekoniecznie będzie nadawać się na kolację. Przepisy, które znajdziecie dalej, są dostosowane do tego, jak w ciągu dnia zmienia się tempo pracy naszego metabolizmu.

Zapraszam do lektury i życzę smacznego.

KUCHNIA

Legenda do ikonek występujących przy potrawach

Mózg – posiłek poprawia myślenie, korzystnie oddziałuje na układ nerwowy

Serce – danie korzystnie wpływa na układ krwionośny

Oko – poprawia funkcjonowanie narządów wzroku

Kości – wzmacnia kości i stawy

Siłacz – składniki zawarte w posiłku poprawiają odporność

Żołądek – regulacja pracy układu pokarmowego

Biceps – pomoc w regeneracji mięśni

Przepisy

Śniadania

Śniadania

Najważniejszy, a jednocześnie najczęściej pomijany i lekceważony posiłek w ciągu dnia. W swojej pracy stykałem się z wieloma osobami, które notorycznie nie jadały śniadań, co miało opłakane skutki dla ich formy i samopoczucia.

Znane powiedzenie: „jak sobie pościelesz, tak się wyśpisz" równie dobrze można zastąpić innym: „jakie zjesz śniadanie, taki będziesz mieć dzień". Tak, nie ma w tym żadnej przesady. Od pierwszego posiłku zależy, czy w ciągu dnia będziemy mieć dobre samopoczucie, lepszą koncentrację i dość energii do wykonywania przeróżnych zadań.

Nasz organizm to potężny i silny mechanizm, który jest w stanie robić niesamowite rzeczy. Aby jednak mógł tego dokonywać, potrzebuje odpowiedniego paliwa. Po przebudzeniu jego zapasy są już mocno nadwątlone. Przypominamy wtedy wielki piec, w którego palenisku żarzy się słabo tylko kilka węgli. To zdecydowanie za mało, aby zapewnić odpowiednie funkcjonowanie całemu mechanizmowi. On potrzebuje paliwa, i to odpowiedniego.

Po przebudzeniu nasz żołądek aż „rwie się" do pracy. Wytwarza duże ilości soków. Jeśli nie dostarczymy mu jedzenia, ich nadmiar może powodować powstawanie różnych dolegliwości i chorób, poczynając od zgagi, a na wrzodach kończąc. Warto więc szybko dać mu zajęcie.

Fakt, że po przebudzeniu nasz układ pokarmowy jest wyjątkowo chłonny i potrafi czerpać najwięcej korzyści z przyjmowanych posiłków, pod żadnym jednak pozorem nie oznacza, że możemy karmić go byle czym, z nadzieją, że i tak sobie da z tym radę i jakoś to będzie. Nie, nie będzie. Prędzej czy później błędy żywieniowe zawsze odbijają się na samopoczuciu, formie i zdrowiu.

Przygotowując pierwszy posiłek, należy pamiętać, że to, co zjemy, będzie miało wpływ na naszą kondycję intelektualną. To nic, że ważne zebranie w pracy albo zaliczenie na studiach będzie dopiero w południe. Jeśli chcemy mieć pewność, że nasz umysł będzie funkcjonować na najwyższym poziomie sprawności, musimy już rano dolać mu potrzebną ilość paliwa. Jeśli o to nie zadbamy o odpowiedniej porze, zamiast przypływu weny i superpamięci możemy oczekiwać pojawienia się senności.

Powodów, dla których warto jeść mądrze skomponowane śniadania, jest oczywiście dużo więcej. Pamiętajcie chociażby o tym, że osoby, które je jedzą, znacznie rzadziej mają problemy z nadwagą i otyłością. Badania nie pozostawiają żadnych złudzeń: pominięty pierwszy posiłek sprawia, że w ciągu dnia częściej ciągnie nas do tuczących i niezdrowych dań. Bez względu na to, czy przeznaczycie na śniadanie godzinę czy tylko kwadrans, zawsze możecie zjeść coś wartościowego, co będzie prawdziwym śniadaniem mistrzów.

Awokado
faszerowane łososiem i serem

SKŁADNIKI

- awokado, 1szt.
- filet z łososia, 80 g
- ser chudy biały, 40 g
- jogurt naturalny, 1 łyżka
- cytryna do skropienia łososia
- koperek i pieprz do smaku

WYKONANIE

Łososia skrapiamy cytryną i gotujemy na parze. Awokado (nie obieramy!) przecinamy na połowę i delikatnie usuwamy pestkę. Następnie wydrążamy miąższ, szatkujemy go i przekładamy do miski. Dodajemy ser, rozdrobniony filet z łososia, doprawiamy pieprzem i koperkiem, po czym dokładnie mieszamy. Tak przygotowanym farszem wypełniamy połówki awokado.

CZY WIESZ, ŻE...

kwasy omega-3 zawarte w łososiu i awokado pomagają zmniejszać poziom tłuszczu we krwi i korzystnie wpływają na odporność, układ krwionośny oraz nerwowy.

Bruschetta

z rukolą i pieczywem chrupkim

SKŁADNIKI

- pomidor, 1szt.
- papryka żółta, 0,5 szt.
- czosnek ,1 ząbek
- oregano, 1 szczypta
- oliwa z oliwek, 1 łyżka
- bazylia, 2 listki
- rukola, mała garść
- pieczywo chrupkie, 1 kromka

WYKONANIE

Pomidor kroimy w drobną kostkę i wrzucamy do miseczki. Paprykę kroimy w kostkę, kładziemy na blachę i pieczemy w temp. 180°C przez 10 minut. Dorzucamy do pomidora. Drobno posiekany czosnek, oliwę, drobno posiekaną bazylię i oregano dokładamy do pomidora i dokładnie mieszamy. Z rukoli tworzymy obręcz, a w środku wykładamy bruschettę. Obok kładziemy pieczywo chrupkie.

CZY WIESZ, ŻE...

likopen, barwnik zawarty w pomidorach, to potężny antyutleniacz o działaniu antynowotworowym.

Jajka
faszerowane ogórkiem, rzodkiewką i koperkiem

SKŁADNIKI

- jajka, 2 szt.
- ogórek, 20 g
- rzodkiewka, 1 szt.
- jogurt naturalny, 2 łyżki
- pieprz, koperek do smaku

WYKONANIE

Jajka gotujemy na twardo, przekrajamy na połówki i wyjmujemy żółtka. Rzodkiewkę i ogórek kroimy w bardzo drobną kostkę, mieszamy z żółtkiem, jogurtem, poszatkowanym koperkiem i pieprzem. Tak przygotowanym farszem wypełniamy białka.

CZY WIESZ, ŻE...

nie ma powodu bać się, że jedzenie jajek przyczyni się do radykalnego podniesienia poziomu cholesterolu. Jego poziom może wzrosnąć z innych przyczyn, takich jak tendencje genetyczne i niewłaściwe odżywianie.

Jajecznica
z pomidorem i szczypiorkiem

SKŁADNIKI

- jajka, 2 szt.
- pomidor, 100 g
- szczypiorek, 5 g
- czosnek, 1 ząbek
- pieczywo chrupkie wieloziarniste, 1 kromka
- pieprz świeżo mielony

WYKONANIE

Pomidor parzymy wrzątkiem i obieramy ze skórki, kroimy w kostkę. Na patelnię beztłuszczową wbijamy jajka, dodajemy pomidor, szczypiorek, poszatkowany czosnek i mieszamy, aż jajka się zetną. Przyprawiamy pieprzem.

CZY WIESZ, ŻE...

allicyna zawarta w czosnku ma działanie antybiotyczne i grzybobójcze. Jest najskuteczniejsza, gdy jemy surowy czosnek. Obróbka termiczna niekorzystnie wpływa na moc tego związku.

Jajka faszerowane jogurtem i schabem

SKŁADNIKI

- jajka ugotowane na twardo, 2 szt.
- jogurt naturalny, 1 łyżka
- schab, 20 g
- pieprz świeżo mielony
- papryka słodka
- poszatkowana natka pietruszki, 0,5 łyżeczki

WYKONANIE

Jajka kroimy na połówki, wybieramy żółtka i przekładamy do miski. Mieszamy dokładnie z papryką słodką, natką pietruszki i jogurtem. Schab nacieramy pieprzem i pieczemy w temp. 160°C przez 12 minut, następnie kroimy w kostkę i dodajemy do żółtek z jogurtem. Dokładnie mieszamy. Powstałą masą faszerujemy połówki wydrążonych wcześniej jajek.

CZY WIESZ, ŻE…

natka pietruszki to kopalnia witaminy C. Jedna łyżka tej rośliny wystarczy, by zaspokoić dobowe zapotrzebowanie na tę witaminę C.

Kasza jaglana z truskawkami

SKŁADNIKI

- kasza jaglana, 20 g
- truskawki, 50 g
- mleko 2%, 250 ml
- naturalne kakao, 10 g

WYKONANIE

Kaszę przelewamy wrzątkiem, żeby straciła gorycz. Wsypujemy do garnka i zalewamy wodą. Doprowadzamy do wrzenia, po czym zmniejszamy ogień i gotujemy przez około 20 minut. Truskawki miksujemy na mus. Łączymy kaszę z musem truskawkowym i podajemy ze szklanką mleka z kakao.

CZY WIESZ, ŻE...

kasza jaglana to nie tylko źródło witamin z grupy B i magnezu. Ma także silne działanie zasadotwórcze, czyli pomaga walczyć z zakwaszeniem organizmu, z którym na co dzień zmaga się wiele osób.

Pasta
łososiowa z pieczywem chrupkim

SKŁADNIKI

- filet z łososia, 75 g
- ser biały chudy, 75 g
- świeżo starty imbir, 0,5 łyżeczki
- pieprz świeżo zmielony
- jogurt naturalny, 1 łyżka
- koperek posiekany, 0,5 łyżeczki
- papryka słodka mielona, 0,5 łyżeczki
- cytryna do skropienia
- pieczywo chrupkie pełnoziarniste, 1 kromka

WYKONANIE

Filet z łososia skrapiamy cytryną i pieczemy w temp. 180°C przez 15 minut, następnie ucieramy go z twarogiem i jogurtem do uzyskania jednolitej masy. Do masy dodajemy paprykę, koperek, pieprz i imbir. Całość dokładnie mieszamy. Pastą smarujemy pieczywo chrupkie.

CZY WIESZ, ŻE...

imbir ma szerokie działanie przeciwzapalne. Pomaga walczyć z przeziębieniami oraz pozbywać się kłopotów ze stawami.

Płatki owsiane z imbirem i miodem

SKŁADNIKI

- mleko 2%, 200 ml
- płatki owsiane, 3 łyżki
- imbir do smaku
- miód gryczany, 1 łyżeczka

WYKONANIE

Mleko podgrzewamy i mieszamy z miodem i imbirem. Zalewamy nim płatki.

CZY WIESZ, ŻE...

płatki owsiane mają błonnik rozpuszczalny, tzw. beta-glukan. To on pomaga redukować poziom złego cholersterolu LDL.

Płatki owsiane z jogurtem i suszoną śliwką

SKŁADNIKI

- płatki owsiane, 3 łyżki
- jogurt naturalny, 100 ml
- śliwka suszona, 4 szt.

WYKONANIE

Płatki zalewamy wrzątkiem i odstawiamy do nasiąknięcia. Śliwki kroimy w cienkie paski. Wszystkie składniki mieszamy.

CZY WIESZ, ŻE...

częste jedzenie suszonych śliwek to znakomity sposób na odkwaszenie organizmu oraz uregulowanie pracy układu pokarmowego.

Ser biały
z ogórkiem i koperkiem

SKŁADNIKI

- ser biały chudy, 90 g
- ogórek, 130 g
- koperek, 5 g
- pieczywo chrupkie wieloziarniste, 2 kromki
- pieprz czarny

WYKONANIE

Ser mieszamy z ogórkiem startym na dużych oczkach i poszatkowanym koperkiem. Doprawiamy pieprzem.

CZY WIESZ, ŻE...

piperyna występująca w pieprzu pobudza apetyt i zwiększa wydzielanie soków trawiennych, co ułatwia optymalne przyswajanie wszystkich spożytych pokarmów. Ma także działanie diuretyczne.

Szpinakowa
sałatka z orzechami i buraczkiem

SKŁADNIKI

- oliwa z oliwek, 1 łyżeczka
- posiekana natka pietruszki, 1 łyżeczka
- burak, 1 szt.
- orzechy włoskie, 30 g
- roszponka, 15 g
- liście młodego szpinaku, 15 g

WYKONANIE

Orzechy wrzucamy na suchą patelnię i prażymy. Buraka gotujemy, obieramy i kroimy w kostkę. Wszystkie składniki wkładamy do miski i dokładnie mieszamy.

CZY WIESZ, ŻE...

szpinak długo uważano za wyjątkowo bogate źródło żelaza. Niestety, opinia ta była wynikiem błędu popełnionego w czasie badań. Nie znaczy to, że możemy zapomnieć o tej roślinie. To znakomite źródło błonnika, witamin i soli mineralnych.

Zupa mleczna z płatkami owsianymi

SKŁADNIKI

- mleko sojowe, 200 ml
- płatki owsiane, 3 łyżki
- cynamon, 2 szczypty
- miód gryczany, 0,5 łyżeczki

WYKONANIE

Do rondelka wlewamy mleko. Dodajemy do niego cynamon i miód, podgrzewamy. Płatki parzymy wrzątkiem, odcedzamy, przekładamy do talerza i zalewamy gorącym mlekiem z cynamonem i miodem.

CZY WIESZ, ŻE...

mleko sojowe różni się od mleka krowiego i to znacznie. Naturalny produkt sojowy sprawia m.in., że obniża się poziom trójglicerydów we krwi, na czym korzysta układ krążenia.

SKŁADNIKI

WYKONANIE

SKŁADNIKI

WYKONANIE

NOTATKI

Obiady

Obiady

Za Tobą już połowa pracowitego i satysfakcjonującego dnia, najwyższa pora uzupełnić zapasy energii tak, abyś mógł przystąpić do wykonywania kolejnych zadań. Czas na obiad. Jeśli od dawna dbasz o formę, to zapewne masz go przy sobie, zrobiony wcześniej, zamknięty w plastikowym pojemniku i czekający tylko na podgrzanie. To doskonałe rozwiązanie, gwarantujące, że zjesz posiłek przygotowany w zdrowy sposób. Jeśli z jakiegoś powodu nie miałeś okazji przygotować sobie jedzenia, możesz próbować szukać restauracji ze zdrowym jedzeniem gdzieś w pobliżu. Niestety, takich lokali ciągle jest mało, ale liczę, że wraz ze wzrostem świadomości konsumentów zmieniać się będzie także oferta lokali gastronomicznych.

Bez względu na to, co i gdzie jesz na obiad, pamiętaj, aby celebrować ten posiłek jak wszystkie inne. Rozumiem, że w pracy gonią Cię deadliny, czekają nowe zadania, ważne spotkania. Spróbuj jednak na chwilę zwolnić. Poświęcenie tych kilku minut dla siebie naprawdę się opłaci. Postaraj się nie myśleć o czekających Cię wyzwaniach, a zamiast tego ciesz się obiadem. Nie połykaj kęsa za kęsem, jakby przyszło Ci brać udział w jakimś szalonym wyścigu. Taki pośpiech do niczego dobrego nie prowadzi, no chyba, że masz zamiar dorobić się kłopotów żołądkowych. Zakładam jednak, że bardziej zależy Ci na zaspokojeniu głodu i podładowaniu akumulatorów przed kolejnymi zadaniami. Poniżej znajdziesz 12 propozycji dań, które doskonale pomogą Ci nabrać sił na resztę dnia.

Bakaliowe roladki z kurczaka nadziewane kiełkami

SKŁADNIKI

- pierś z kurczaka, 150 g
- ser biały, 40 g
- kefir lub jogurt naturalny, 1 łyżka
- miód gryczany, 0,5 łyżeczki
- bakalie, 20 g
- szczypta pieprzu
- szczypta papryki słodkiej mielonej
- posiekana świeża mięta, 2 listki
- zioła suszone (tymianek, rozmaryn), 2 g
- kiełki brokułu (lub rzodkiewki), 10 g
- oliwa z oliwek, 2 łyżki
- posiekany czosnek, 1 ząbek
- zioła (tymianek, kolendra), 5 g
- brokuły, 120 g

WYKONANIE

Z białego sera, kefiru, odrobiny miodu i sparzonych wcześniej bakalii robimy à la twarożek, aż do uzyskania jednolitej, kremowej konsystencji. Przyprawiamy pieprzem, papryką i miętą. Rozklepujemy filet i delikatnie obsypujemy go ziołami (suszonymi). Kładziemy kiełki i wcześniej przygotowany twaróg, następnie zawijamy w roladki i zabezpieczamy wykałaczkami. Gotujemy na parze lub w piekarniku w temp. 120°C przez 25 minut*. W małym rondelku mieszamy oliwę, posiekane świeże zioła i czosnek. Na talerzu wykładamy brokuły oraz roladkę i polewamy oliwą z rondelka.

*czas może różnić się w zależności od rodzaju pieca.

CZY WIESZ, ŻE...

100 g mięsa z piersi kurczaka to zaledwie niewiele ponad 100 kcal.

Dorsz

zapiekany w czerwonych warzywach

SKŁADNIKI

- filet z dorsza, 150 g
- pomidor, 1 szt.
- papryka czerwona, 1 szt.
- cebula czerwona, 1 szt.
- czosnek, 1 ząbek
- bazylia posiekana, 2 łyżeczki
- oliwa z oliwek, 2 łyżki
- cytryna, 1 szt.

WYKONANIE

Pomidor i paprykę kroimy w drobną kostkę, cebulę i czosnek szatkujemy. Dodajemy oliwę, bazylię i dokładnie mieszamy. Blaszkę wykładamy folią aluminiową, kładziemy na niej filet, przykrywamy go mieszanką warzywną, skrapiamy sokiem z cytryny i posypujemy szczyptą pieprzu. Zawijamy w folię i pieczemy w temp. 200°C przez 20 minut.

CZY WIESZ, ŻE...

dorsz to nie tylko białko i zdrowe tłuszcze, ale także duże ilości selenu, który pomaga zwiększyć odporność.

Kremowy pasztet z kurczaka

SKŁADNIKI

- pierś z kurczaka, 200 g
- jajka, 2 szt.
- marchew, 150 g
- żurawina, 10 g
- skórka z cytryny, 0,5 łyżeczki
- tymianek
- mieszanka sałat, 80 g
- oliwa z oliwek, 1 łyżka

WYKONANIE

Kurczaka i marchewkę gotujemy do miękkości i miksujemy do uzyskania konsystencji masy. Dodajemy tymianek, żółtko z 2 jajek, żurawinę, skórkę cytryny i dokładnie mieszamy. Z pozostałych białek ubijamy pianę i bardzo delikatnie mieszamy ją z masą. Wykładamy całość do keksówki i pieczemy w temp. 180°C przez około 40 minut. Podajemy z mieszanką sałat polaną oliwą z oliwek.

CZY WIESZ, ŻE...

żurawina ma silne działanie antybakteryjne, szczególnie skutecznie radzi sobie z infekcjami dróg moczowych. Zalecana jest także jako środek zapobiegający chorobom zębów i dziąseł.

Królik duszony w warzywach

SKŁADNIKI NA 4 PORCJE

- tylne udźce królika, 4 szt.
- brokuł, 120 g
- papryka czerwona, 1 szt.
- czerwona cebula, 1 szt.
- biała cebula, 1 szt.
- seler nać, 80 g
- marchew, 100 g
- kalafior, 100 g
- seler, 40 g
- czosnek, 4 ząbki
- pieprz do smaku
- kolendra, owoc jałowca, kmin rzymski

Wywar

- woda, 0,5 l
- marchew, 1 szt.
- seler, 1/4 szt.
- natka pietruszki, 4 gałązki
- liść laurowy, ziele angielskie, pieprz, czosnek

WYKONANIE

Wywar: Do małego rondelka wrzucamy warzywa i przyprawy, zalewamy wodą i gotujemy na wolnym ogniu przez około 3 godziny. Odstawiamy na bok.

Udźce królika myjemy pod wodą i osuszamy ręcznikiem papierowym. Kładziemy na dno naczynia żaroodpornego. Cebulę, paprykę, marchew i seler kroimy w kostkę, czosnek przeciskamy przez praskę i dodajemy do mięsa. Oprószamy kolendrą, kminem i owocem jałowca. Zalewamy wcześniej przygotowanym i odcedzonym wywarem i dusimy około godziny w piekarniku nagrzanym do temp.180°C. Co jakiś czas sprawdzamy, czy mięso jest miękkie. 20 minut przed końcem dorzucamy kalafior i brokuł.

CZY WIESZ, ŻE...

seler to prawdziwe zbawienie dla organizmu. Pomaga oczyszczać go z toksyn, ułatwia trawienie i usprawnia pracę nerek.

Pieczony łosoś na grillowanych warzywach z sosem z awokado i limonki

SKŁADNIKI

- filet z łososia, 150 g
- awokado, 2 szt.
- limonka, 1 szt.
- papryczka chilli, 1 szt.
- pomidor, 0,5 szt.
- cebula, 0,5 szt.
- natka kolendry
- bakłażan, 30 g
- cukinia, 20 g
- papryka, 20 g

WYKONANIE

Łososia pieczemy w temp. 180°C przez 12 minut. Bakłażan, cukinię i paprykę kroimy w plastry i grillujemy. Awokado miksujemy do uzyskania kremowej konsystencji, dodajemy sok z limonki. Pomidor obieramy ze skórki i drylujemy. Kroimy w drobną kostkę. Cebulę, papryczkę i kolendrę drobno siekamy i łączymy z awokado i pomidorem. Dokładnie mieszamy.

CZY WIESZ, ŻE...

niedojrzałe bakłażany są niezdrowe ze względu na obecność w nich solaniny. Dlatego wybieraj tylko dojrzałe. Sprawdzaj, czy warzywo udaje się lekko ugniatać.

Pierogi
z serem i truskawkami

SKŁADNIKI

- mąka orkiszowa jasna, 300 g
- gorąca woda, 180 ml
- oliwa z oliwek, 1 łyżka
- jajko, 1 szt.
- ser biały chudy, 150 g
- truskawki, 60 g

WYKONANIE

Ser i drobno pokrojone truskawki miksujemy do uzyskania kremowej konsystencji. Mąkę, wodę i jajko zagniatamy na ciasto i wyrabiamy przez około 15 minut. Gotowe ciasto dzielimy na mniejsze części i rozwałkowujemy. Szklanką wycinamy krążki w cieście, a na krążkach układamy farsz. Zwijamy ciasto, formując pierogi. Do garnka z wodą dodajemy łyżkę oliwy z oliwek i doprowadzamy do wrzenia. Na wrzątek kładziemy pierogi i gotujemy przez około 15 minut.

CZY WIESZ, ŻE...

zdaniem badaczy regularne jedzenie truskawek korzystnie wpływa na pamięć.

Pierogi z zieloną soczewicą

- mąka orkiszowa jasna, 300 g
- gorąca woda, 180 ml

SKŁADNIKI

- oliwa z oliwek, 1 łyżka
- jajka, 2 szt.
- czosnek, 1 ząbek
- czerwona cebula, 1 szt.
- soczewica zielona, 140 g
- majeranek, tymianek, rozmaryn, świeżo zmielony czarny pieprz

WYKONANIE

Soczewicę moczymy w wodzie przez około 2 godziny, następnie gotujemy do miękkości (około 30 minut). Odcedzamy, dodajemy drobno poszatkowaną czerwoną cebulę, czosnek przeciśnięty przez praskę, majeranek, tymianek i 1 roztrzepane jajko wymieszane z pieprzem. Wszystko dokładnie mieszamy. Mąkę, wodę i 1 jajko zagniatamy na ciasto i wyrabiamy przez około 15 minut. Gotowe ciasto dzielimy na mniejsze części i rozwałkowujemy. Szklanką wycinamy krążki w cieście, a na nich układamy farsz. Zwijamy ciasto, formując pierogi. Do garnka z wodą dodajemy łyżkę oliwy z oliwek i doprowadzamy do wrzenia. Na wrzątek kładziemy pierogi i gotujemy przez około 15 minut. Rozmaryn szatkujemy i mieszamy z łyżką oliwy z oliwek. Polewamy pierogi.

CZY WIESZ, ŻE...

soczewica to nie tylko białko, ale także cenne źródło kwasu foliowego.

Pomarańczowy stek z polędwicy wołowej w asyście sałatki mista

SKŁADNIKI

- stek z polędwicy wołowej, 200 g
- pomarańcze, 2 szt.
- świeżo starty imbir, 1 łyżeczka
- czosnek, 2 rozgniecione ząbki
- sałata lodowa, 1/4 główki
- pomidorki koktajlowe, 3 szt.
- żółta papryka, 1/4 szt.
- czerwona cebula, 20 g
- oliwa z oliwek, 2 łyżki

WYKONANIE

Na steku nacinamy siatkę z obydwu stron. Z pomarańczy wyciskamy sok, połowę odstawiamy na bok, a pozostały mieszamy z czosnkiem i imbirem, po czym tak przygotowaną marynatą zalewamy stek i odkładamy do lodówki na 6 godzin. Odstawiony sok podgrzewamy i redukujemy o połowę. Dodajemy oliwę. Stek grillujemy według własnych upodobań, kroimy na plastry i wykładamy na talerz. Polewamy przygotowanym sokiem z oliwą. Sałatę lodową rozdrabniamy rękami, dodajemy pomidorki pokrojone na połówki, paprykę pociętą na wąskie paski i cebulę pokrojoną w cienkie krążki.

CZY WIESZ, ŻE...

wołowina zawiera spore ilości l-karnityny, która ma wpływ na metabolizm tłuszczów i węglowodanów.

Rosół

z kluskami lanymi z mąki orkiszowej

SKŁADNIKI

Rosół

- korpus drobiowy, 1 szt.
- ziele angielskie, liść laurowy, pieprz cały do smaku
- woda, 2 l
- czosnek, 3 ząbki
- cebula, 2 średnie szt.
- natka pietruszki, 4 gałązki
- marchew, 1 duża
- seler, 1 mały
- korzeń pietruszki, 2 małe

Kluski

- duże jajka, 2 szt.
- mąka orkiszowa, 100 g
- szczypta pieprzu

WYKONANIE

Rosół: Korpus, przyprawy, czosnek, paloną cebulę, warzywa i natkę pietruszki zalewamy wodą i gotujemy na małym ogniu. Po około 4 godzinach zestawiamy rosół z ognia i odcedzamy. Zostawiamy marchew do podania z rosołem. Kroimy ją w kostkę i wrzucamy do miseczki, zalewamy rosołem i posypujemy świeżo poszatkowaną pietruszką.

Kluski: Do miski wbijamy jajka i dokładnie je mieszamy. Dodajemy mąkę i pieprz i dalej mieszamy, żeby nie było grudek. Jeżeli ciasto jest zbyt gęste, dodajemy łyżkę wody. Gotowe ciasto wylewamy na talerz i łyżką zrzucamy małe kawałki do gotującego się rosołu, delikatnie go mieszając.

CZY WIESZ, ŻE...

picie wywaru z korzenia pietruszki zaleca się osobom mającym problem z pęcherzem i nerkami.

Sałatka z soczewicy, papryki, pomidorów i marchwi z dodatkiem oleju rzepakowego

SKŁADNIKI

- soczewica czerwona, 70 g
- pomidory, 2 szt.
- papryka czerwona, 1 szt.
- papryka żółta, 1 szt.
- marchew, 1 szt.
- cebulka dymka, 2 szt.
- natka pietruszki, szczypta
- olej rzepakowy, 1 łyżka
- oregano, szczypta

WYKONANIE

Soczewicę gotujemy do miękkości, odcedzamy i studzimy. Paprykę kroimy w drobną kostkę, marchew ścieramy na dużych oczkach, pomidory parzymy wrzątkiem, obieramy ze skóry, usuwamy pestki i kroimy w kostkę. Cebulki szatkujemy. Wszystko wrzucamy do miski, dodajemy olej, oregano, pieprz i dokładnie mieszamy. Przed podaniem posypujemy poszatkowaną pietruszką.

CZY WIESZ, ŻE...

jeśli zależy Ci na dostarczaniu organizmowi odpowiednich ilości wapnia, fosforu, siarki i żelaza, to powinieneś często jadać soczewicę.

Stek

z polędwicy wołowej z dodatkiem salsy z awokado i purée z selera

Stek

- polędwica wołowa, 180 g
- kilka ziaren pieprzu

SKŁADNIKI

Salsa

- awokado, 1 duże
- czerwona papryka, 40 g
- pomidor, 40 g
- cebula, 20 g
- posiekane liście kolendry, 3 łyżki
- mielone nasiona kolendry, 1 łyżeczka
- oliwa z oliwek, 2 łyżki
- pieprz
- cytryna

Purée z selera

- seler, 0,5 średniego
- czosnek, 1 ząbek
- mleko, 1 szklanka

WYKONANIE

Mięso: Polędwicę czyścimy z błon, a jej rant obtaczamy w uprzednio utartym pieprzu. Kładziemy stek na rozgrzaną patelnię grillową i grillujemy do pożądanego stopnia wysmażenia.
Salsa: Z pomidorów i papryki usuwamy pestki i kroimy razem z cebulą w drobną kostkę. Awokado obieramy i ostrożnie kroimy w kostkę, po czym skrapiamy sokiem z cytryny. Sok z cytryny sprawi, że awokado nie sczernieje. Wszystko przekładamy do miski, dodajemy liście i nasiona kolendry, oliwę z oliwek i pieprz, po czym delikatnie mieszamy.
Purée z selera: Selera obieramy i kroimy w drobną kostkę. Wrzucamy do małego garnka, dodajemy czosnek i dusimy w mleku przez 15 minut. Odlewamy nadmiar mleka do oddzielnego naczynia i całość miksujemy, pozostałym mlekiem regulując konsystencję aż do uzyskania kremu.

CZY WIESZ, ŻE...

kolendra sprawdza się w zwalczaniu infekcji pokarmowych różnego pochodzenia.

WYKONANIE

W piersi robimy kieszonkę i faszerujemy ją uprzednio sparzoną i poszatkowaną żurawiną oraz drobno posiekanym rozmarynem. Pieczemy przez 20 minut w temp. 180°C. Brokuł parujemy lub gotujemy do miękkości, przekładamy do miksera. Dodajemy sezam, kolendrę i miksujemy do uzyskania konsystencji kremu (jeżeli masa jest za gęsta, dodajemy odrobinę wody). Ryż gotujemy według instrukcji podanej na opakowaniu.

CZY WIESZ, ŻE...

brokuły zawierają sulforafan, który korzystnie wpływa na stan naszych stawów.

Zapiekana pierś z kurczaka z żurawiną na musie z sezamu i brokuł z brązowym ryżem

SKŁADNIKI

- pierś z kurczaka, 150 g
- żurawina, 1 mała garść
- rozmaryn, 1 szczypta
- brokuł, 4 różyczki
- kolendra, 1 szczypta
- sezam, 1 szczypta
- ryż brązowy, 50 g

SKŁADNIKI

WYKONANIE

SKŁADNIKI

WYKONANIE

NOTATKI

Kolacje

Kolacje

„Śniadanie zjedz sam, obiadem podziel się z przyjacielem, a kolację oddaj wrogowi" – głosi stare powiedzenie. Mam nadzieję, że nikt nie brał go sobie do serca. Pomijanie kolacji jest jednym z częściej popełnianych błędów żywieniowych.

Zdaję sobie sprawę, że bojkotowanie kolacji wynika z dobrych chęci, z troski o zdrowie i wygląd. Niestety, rezygnując z ostatniego posiłku, wyrządzamy sobie krzywdę. Dlatego od lat powtarzam, że zdrowe odżywianie nie może obejść się bez kolacji. Jaka powinna być idealna kolacja? Sycąca, ale lekkostrawna. Po całym dniu, który minął nam na intensywnych zajęciach, a także satysfakcjonującym treningu, należy doładować baterie i dostarczyć organizmowi składników odżywczych do regeneracji. Skutki zaniedbania tego odczujemy później.

Dlatego bez względu na to, czy trenujemy czy nie, nie można zapomnieć o kolacji. Pamiętajmy tylko, by spożyć ją o właściwej porze, czyli na około 2–3 godziny przed snem. I jeszcze jedna rada: na kolację unikamy ciężkostrawnych i tłustych potraw.

Dorsz
pieczony w warzywach

SKŁADNIKI

- filet z dorsza, 180 g
- cukinia, 80 g
- papryka, 80 g
- por, 50 g
- czosnek, 1 ząbek
- posiekana natka pietruszki, 1 łyżeczka
- oliwa z oliwek, 1 łyżka
- cytryna do skropienia
- słodka papryka, pieprz do smaku

WYKONANIE

Filet płuczemy zimną wodą i suszymy papierowym ręcznikiem. Nacieramy pieprzem, słodką papryką i skrapiamy cytryną. Cukinię, paprykę oraz pora kroimy w mniejsze kawałki i delikatnie mieszamy z natką oraz czosnkiem przeciśniętym przez praskę. Warzywa wkładamy do naczynia żaroodpornego, na wierzch kładziemy filet. Całość pieczemy pod przykryciem przez 20 minut w temp. 180°C. Przed podaniem polewamy oliwą z oliwek.

CZY WIESZ, ŻE...

cukinia pomaga odkwaszać organizm, a ponadto zawiera magnez, potas, żelazo i witaminy A, C, K, PP.

Kurczak

w musie brokułowo--migdałowym

SKŁADNIKI

- pierś z kurczaka, 120 g
- brokuł, 60 g
- marchew, 20 g
- płatki migdałowe, 30 g
- cynamon, 2 g

WYKONANIE

Brokuł i marchew gotujemy do miękkości. Odcedzamy, zachowując wodę. W tej samej wodzie gotujemy kurczaka. Warzywa wkładamy do blendera, dodajemy migdały, cynamon i miksujemy do uzyskania konsystencji musu. Jeżeli jest za gęsty, dodajemy wodę, w której gotowały się warzywa i kurczak.

CZY WIESZ, ŻE...

surowa marchewka ma więcej właściwości odżywczych niż ugotowana, ale jest bardziej ciężkostrawna. Dlatego układ pokarmowy lepiej sobie radzi z ugotowaną.

Łosoś na parze z grillowanymi warzywami i purée z groszku

SKŁADNIKI

- filet z łososia, 140 g
- groszek, 50 g
- bakłażan, 50 g
- papryka, 50 g
- cytryna do skropienia łososia

WYKONANIE

Łososia parujemy. Bakłażan i paprykę grillujemy beztłuszczowo. Groszek gotujemy do miękkości, odcedzamy i miksujemy do uzyskania konsystencji purée, podlewając go wodą, w której się gotował.

CZY WIESZ, ŻE...

w łososiu znajduje się witamina D. To ona pomaga zachować właściwą wagę, wzmacnia serce i chroni przed rakiem.

Pomidory faszerowane rzodkiewką, twarogiem i jogurtem

SKŁADNIKI

- pomidory średniej wielkości, 2 szt.
- ser biały chudy, 120 g
- jogurt, 40 g
- rzodkiewka, 50 g

WYKONANIE

W pomidorach ścinamy kapelusze i delikatnie drążymy miąższ. Jogurt, ser i rzodkiewkę startą na dużych oczkach łączymy i mieszamy do momentu uzyskania gładkiej konsystencji. Tak przygotowaną pastą faszerujemy pomidory i przykrywamy kapeluszami.

CZY WIESZ, ŻE...

rzodkiewka zawiera dużo witamin m.in. z grupy B, a ma bardzo mało kalorii, bo zaledwie 14 kcal w 100 g.

Pstrąg pieczony w jogurcie

SKŁADNIKI

- pstrąg, 1 szt.
- sok z cytryny, 1 łyżka
- jogurt naturalny, 3 łyżki
- czosnek, 3 ząbki
- koperek
- pieprz
- ryż brązowy, 50 g

WYKONANIE

Jogurt mieszamy z sokiem z cytryny, czosnkiem przeciśniętym przez praskę, poszatkowanym koperkiem i pieprzem. Blaszkę wykładamy folią aluminiową i układamy na niej rybę. Zalewamy ją uprzednio przygotowanym jogurtem, pamiętając też o wnętrzu ryby. Całość pieczemy w temp. 170°C przez około godzinę. Ryż gotujemy według instrukcji podanej na opakowaniu.

CZY WIESZ, ŻE...

regularne jedzenie ryżu brązowego może zmniejszyć ryzyko wystąpienia cukrzycy.

Pstrąg w ziołach z warzywami gotowanymi na parze

SKŁADNIKI

- pstrąg, 1 szt.
- natka pietruszki, 4 gałązki
- tymianek, 4 gałązki
- estragon, 4 gałązki
- bazylia, 2 gałązki
- masło bez soli, 10 g
- czosnek, 1 ząbek
- pieprz młotkowany do smaku
- cytryna, 0,5 szt.
- brokuł, 40 g
- kalafior, 40 g
- marchew paryska, 40 g

WYKONANIE

Masło mieszamy z poszatkowanym czosnkiem i odstawiamy do lodówki. Pstrąga czyścimy zimną wodą, następnie nacieramy od środka pieprzem. Faszerujemy go ziołami i ćwiartką cytryny. Zawijamy w folię do pieczenia i pieczemy w temp. 160°C przez około 25 minut. Warzywa parujemy do miękkości. Po wyłożeniu pstrąga kładziemy na niego wcześniej przygotowane masło, a obok ćwiartkę cytryny.

CZY WIESZ, ŻE...

estragon ma działanie przeciwzapalnie. Ponadto pomaga regulować pracę układu pokarmowego.

Pstrąg zapiekany w pomidorach

SKŁADNIKI

- filet z pstrąga, 180 g
- pomidory, 100 g
- czosnek, 1 ząbek
- bazylia, oregano, pieprz do smaku

WYKONANIE

Pomidory, bazylię, oregano i czosnek miksujemy do uzyskania konsystencji sosu, doprawiamy pieprzem. Filety płuczemy i osuszamy papierowym ręcznikiem. Przekładamy do naczynia żaroodpornego i zalewamy sosem pomidorowym. Całość pieczemy pod przykryciem przez 20 minut w temp. 180°C.

CZY WIESZ, ŻE...

nie tylko ryby morskie są znakomitym źródłem kwasów omega-3. Z ryb słodkowodnych najwięcej tych dobroczynnych kwasów tłuszczowych ma pstrąg.

Ryba po grecku

SKŁADNIKI

- filet z łososia, 100 g
- ser biały chudy, 50 g
- jogurt naturalny, 100 g
- por, 0,5 szt.
- seler, 0,5 szt.
- marchew, 1 szt.
- korzeń pietruszki, 0,5 szt.
- starty imbir, słodka papryka do smaku
- cytryna, 1 szt.

WYKONANIE

Łososia skrapiamy cytryną i wykładamy w naczyniu żaroodpornym. Marchew, seler, por i korzeń pietruszki kroimy w cienkie paski i gotujemy na parze, aż zmiękną. Następnie mieszamy je z imbirem i przykrywamy nimi łososia. Wstawiamy do piekarnika rozgrzanego do temp. 180°C na 20 minut. W miseczce mieszamy twaróg z jogurtem i słodką papryką. Polewamy warzywa i zapiekamy przez kolejne 15 minut.

CZY WIESZ, ŻE...

dzięki dużej zawartości wapnia jogurt pomaga utrzymywać ciśnienie krwi na właściwym poziomie.

Sałatka
z grillowanym kurczakiem

SKŁADNIKI

- pierś z kurczaka, 70 g
- sałata lodowa, 90 g
- pomidor, 40 g
- czerwona cebula, 20 g
- czosnek, 1 ząbek
- rozmaryn, 1 szczypta

WYKONANIE

Kurczaka grillujemy bez tłuszczu, następnie kroimy w cienkie paski. Sałatę lodową drzemy i przekładamy do miski. Dodajemy cebulę pokrojoną w cienkie piórka, pomidora pokrojonego w kostkę, czosnek pokrojony w plasterki i dokładnie mieszamy. Przekładamy na talerz, na wierzch kładziemy kurczaka i posypujemy tymiankiem.

CZY WIESZ, ŻE...

sałata lodowa może być przechowywana znacznie dłużej niż tradycyjna sałata masłowa.

Sałatka z kurczaka z orzechami nerkowca, świeżym imbirem, miętą i bazylią

SKŁADNIKI

- pierś z kurczaka, 150 g
- oliwa z oliwek, 1 łyżka
- mięta, bazylia, po 4 listki
- drobno posiekany imbir, 0,5 łyżeczki
- kruszone orzechy nerkowca, 1 łyżka
- sałata lodowa, 3 liście

WYKONANIE

Kurczaka parujemy, kroimy w kostkę i mieszamy z miętą i bazylią pokrojoną w paski, orzechami nerkowca, imbirem i 2 liśćmi uprzednio podartej sałaty. Całość przekładamy do trzeciego liścia i polewamy oliwą.

CZY WIESZ, ŻE...

orzechy nerkowca pomagają chronić przed rozwojem cukrzycy typu 2.

Sałatka

z kurczakiem, sezamem i rukolą

SKŁADNIKI

- pierś z kurczaka, 100 g
- jogurt, 50 g
- sałata lodowa, 40 g
- rukola, 10 g
- czerwona cebula, 20 g
- ogórek, 20 g
- sezam, 0,5 łyżeczki
- cytryna do gotowania, 0,5 szt.
- pieprz do smaku

WYKONANIE

Do garnka z wodą wyciskamy sok z cytryny i wrzucamy zgnieciony owoc oraz kurczaka, gotujemy. Odcedzamy mięso i kroimy w drobną kostkę. Sałatę lodową rwiemy na małe kawałki i mieszamy z rukolą pociętą w piórka cebulą oraz ogórkiem pokrojonym w plastry. Do jogurtu dodajemy sezam, pieprz i dokładnie mieszamy. Łączymy wszystkie składniki i delikatnie mieszamy.

CZY WIESZ, ŻE...

rukola zawiera duże ilości jodu i kwasu foliowego.

Tatar z łososia z awokado i limonką

SKŁADNIKI

- filet ze świeżego łososia, 140 g
- awokado, 1 szt.
- dymka, 2 małe szt.
- limonka, 1 szt.
- pieprz do smaku
- olej rzepakowy, 1 łyżka

WYKONANIE

Filet z łososia siekamy na bardzo drobno. Awokado kroimy w drobną kostkę, przekładamy do miseczki, skrapiamy sokiem z limonki i dodajemy olej rzepakowy. Dymkę kroimy w plasterki. Na talerz kładziemy krążek deserowy. Do środka wkładamy awokado i delikatnie je upychamy. Następnie kładziemy łososia i jego również delikatnie upychamy. Wyjmujemy krążek. Na wierzch kładziemy dymkę, a obok ćwiartkę limonki.

CZY WIESZ, ŻE...

olej rzepakowy zawiera antyoksydanty i pomaga regulować poziom cholesterolu. Najlepiej wybierać ten z pierwszego tłoczenia.

SKŁADNIKI

WYKONANIE

SKŁADNIKI

WYKONANIE

NOTATKI

Desery

Desery

Już widzę te zaskoczone twarze. Ktoś może powiedzieć: „Jak to, facet od odchudzania zachęca do jedzenia deserów?!". A i owszem, zachęcam. Zawsze powtarzam, że mądre odżywianie to nie żadne umartwianie się i odmawianie sobie wszelkich przyjemności. Nic z tych rzeczy!

Jedzenie może i powinno cieszyć nas swoim wyglądem i smakiem. Sęk w tym, co tak naprawdę znajdzie się na naszym talerzu. Komponując posiłki, powinniśmy pamiętać, by kierować się rozsądkiem. Niezdrowe składniki z powodzeniem można zastępować innymi, równie smacznymi, które pod żadnym pozorem nie będą miały negatywnego wpływu na nasze zdrowie, formę czy samopoczucie.

Wszystkie przepisy na desery, jakie znajdziecie w tej książce, to propozycje dla osób, które chcą być fit. Po nich nie grożą Wam gwałtowne skoki poziomu cukru, a później napady wilczego apetytu spowodowane spadkiem poziomu glukozy. Proponowane przeze mnie desery dostarczają cennych składników odżywczych, a przy okazji są przyjemne dla podniebienia. Nie wierzycie? Przekonajcie się sami.

Brzoskwiniowa uczta

SKŁADNIKI

- brzoskwinia, 1 szt.
- serek naturalny, 150 g
- miód gryczany, 1 łyżka
- orzechy włoskie, 4 połówki

WYKONANIE

Brzoskwinię myjemy i obieramy ze skórki, kroimy na cząstki. Do serka dodajemy miód i mieszamy. Pucharek owocowy napełniamy na przemian serem i owocami. Na koniec posypujemy pokrojonymi orzechami.

CZY WIESZ, ŻE...

jedzenie orzechów wpływa na obniżenie poziomu stresu i zwiększenie wydzielania serotoniny zwanej hormonem szczęścia.

Chaława

SKŁADNIKI

- sezam, 60 g
- pestki słonecznika, 40 g
- miód gryczany
- kakao do smaku

WYKONANIE

Sezam i pestki słonecznika prażymy na suchej patelni do zrumienienia. Przekładamy do blendera i miksujemy do uzyskania konsystencji masy. Gotową masę przekładamy do miski, dodajemy kakao i zaczynamy powoli wygniatać, dodając miód, aż uzyskamy plastyczną konsystencję. Gotową masę przekładamy na papier do pieczenia, formując dowolny kształt, i wkładamy do lodówki. Podajemy, gdy masa stwardnieje.

CZY WIESZ, ŻE...

ziarna słonecznika zawierają dużo witaminy E, która jest bardzo silnym antyoksydantem, zwanym także witaminą młodości.

Jogurtowa panna cotta z musem malinowym

SKŁADNIKI

- jogurt naturalny, 500 g
- cukier brzozowy, 2 łyżeczki
- żelatyna, 2 łyżki
- maliny, 50 g
- mięta, 4 listki

WYKONANIE

Maliny zalewamy niewielką ilością wody, dodajemy cukier, miętę i miksujemy blenderem do uzyskania konsystencji musu. Mus przecieramy przez sito, żeby pozbyć się pestek. Żelatynę rozprowadzamy w 50 ml gorącej wody, po czym odstawiamy do wystudzenia. Zimną żelatynę łączymy z jogurtem. Całość przekładamy do plastikowych kubeczków. Do każdego wrzucamy po kilka malin, wciskając je delikatnie w jogurt. Kubeczki odstawiamy do lodówki na 2–3 godziny. Przed podaniem kubeczek wkładamy do ciepłej wody, co ułatwi nam wyjęcie panna cotty. Wyłożoną panna cottę polewamy musem malinowym.

CZY WIESZ, ŻE...

maliny, nawet te najsłodsze, są małokaloryczne (100 g to tylko ok. 30 kcal), a zawierają dużo błonnika pokarmowego.

Kolorowe ptasie mleczko

- mleko skondensowane odtłuszczone, niesłodzone, 500 ml

SKŁADNIKI

- żelatyna w listkach, 3 listki
- syrop owocowy bez cukru lub Mineral Sport, 30 ml (po 15 ml w dwóch różnych kolorach)
- woda, 1 szklanka
- maliny lub jeżyny do dekoracji, 30 g

WYKONANIE

Mleko skondensowane odstawiamy do lodówki, żeby dobrze się schłodziło. Następnie dzielimy je na 2 części. Żelatynę moczymy w zimnej wodzie, następnie wyciskamy i przekładamy do szklanki gorącej wody. Mieszamy, aż żelatyna się rozpuści, po czym dzielimy na 2 części. Do każdej części żelatyny dodajemy syrop owocowy lub Mineral Sport, uzyskując płyny w 2 kolorach. Odstawiamy do wystudzenia. Pierwszą część schłodzonego mleka ubijamy do konsystencji pianki, po czym małym strumieniem dolewamy jeden kolor syropu owocowego lub Mineral Sport, z żelatyną. Dobrze wymieszaną całość przelewamy do pucharków. Czynność powtarzamy z drugą częścią mleka i drugim kolorem syropu owocowego lub Mineral Sport.

CZY WIESZ, ŻE...

badacze odkryli, że picie szklanki mleka dziennie zmniejsza ryzyko wystąpienia chorób nerek i serca.

Lody
kawowe

SKŁADNIKI

- jogurt naturalny, 100 ml
- białko z jajka, 2 szt.
- cukier brzozowy, 2 łyżki
- zaparzona kawa rozpuszczalna, 2 łyżki

WYKONANIE

Białka i cukier ubijamy na sztywną pianę. Dobrze schłodzony jogurt ubijamy, dodając kawę, a następnie łączymy z białkami i całość delikatnie mieszamy. Przekładamy do plastikowego pojemnika i wstawiamy do zamrażarki. Po 2 godzinach możemy wbić w pojemnik kilka patyczków, a po wyjęciu z zamrażarki pokroić lody.

CZY WIESZ, ŻE...

lizozym, konalbumina, cystatyna zawarte w białku jajka mają działanie przeciwwirusowe i antybakteryjnie.

Miodowy serek w gruszce

SKŁADNIKI

- serek naturalny, 150 g
- duża gruszka, 1 szt.
- miód gryczany, 2 łyżeczki
- kilka rodzynek

WYKONANIE

Gruszkę kroimy w plastry, wkładamy do naczynka, na to nakładamy serek zmiksowany z łyżeczką miodu.

CZY WIESZ, ŻE...

gruszki niesłusznie uważa się za owoce ciężkostrawne. W rzeczywistości dobroczynnie oddziałują na pracę układu pokarmowego.

Naleśniki

z wiśniami i pomarańczą

SKŁADNIKI

- mąka orkiszowa, 150 g
- jajka, 2 szt.
- mleko 2%, 250 ml
- roztopione masło bez soli, 3 łyżeczki
- wiśnie, 100 g
- pomarańcza, 150 g
- świeżo wyciśnięty sok z pomarańczy, 150 ml
- cukier brzozowy, 3 łyżki

WYKONANIE

Mąkę przesiewamy, dodajemy jajka, mleko i dokładnie miksujemy. Odstawiamy ciasto na około 20 minut. Następnie dodajemy odrobinę wody i mieszamy. Tak przygotowane ciasto wylewamy porcjami na średnio rozgrzaną patelnię do naleśników i po około 3 minutach przewracamy naleśniki na drugą stronę.
Wiśnie, cząstki pomarańczy, sok pomarańczowy i cukier wrzucamy do rondelka i zaczynamy gotować na średnim ogniu do czasu, aż sok zredukuje się o połowę i zgęstnieje. Gotowe naleśniki przekładamy na talerz, na środek wykładamy odrobinę owoców, zwijamy w dowolny kształt i polewamy zredukowanym sokiem.

CZY WIESZ, ŻE...

wiśnie zawierają silne antyoksydanty. Ponadto, jak wynika z niektórych badań, pomagają obniżyć ryzyko chorób serca i łagodzą stany zapalne.

Serek

kokosowo--czekoladowy

SKŁADNIKI

- serek naturalny, 150 g
- wiórki kokosowe, 3 łyżeczki
- gorzka czekolada, 2 kostki
- odrobina kakao naturalnego kakao

WYKONANIE

Do serka dodajemy wiórki kokosowe oraz drobno pokrojone 2 kostki gorzkiej czekolady. Całość posypujemy odrobiną naturalnego kakao.

CZY WIESZ, ŻE...

wystarczy niewielka ilość gorzkiej czekolady, by skutecznie poprawić nastrój i zmniejszyć stres.

Sernik pomarańczowo-waniliowy

SKŁADNIKI

- ser biały chudy, 650 g
- jajka, 4 szt.
- cukier brzozowy, 100 g
- laska wanilii, 1 szt.
- skórka z pomarańczy, 1 łyżeczka
- rodzynki, 50 g

WYKONANIE

Ser mielimy co najmniej 3 razy. Oddzielamy żółtka od białek. W misce ucieramy cukier z żółtkami. Laskę wanilii kroimy na pół, zbieramy łyżeczką nasiona i dodajemy do utartych żółtek. Dokładamy rodzynki, skórkę pomarańczy, ser i dokładnie mieszamy. Z białek ubijamy sztywną pianę i delikatnie łączymy z masą serową. Tortownicę o średnicy 25 cm wykładamy papierem do pieczenia i przekładamy do niej masę serową. Całość pieczemy przez około godzinę w piekarniku rozgrzanym do temp. 180°C.

CZY WIESZ, ŻE...

wanilia w zależności od dawki może mieć działanie rozluźniające lub pobudzające. Aztekowie uważali ją za afrodyzjak.

Serowe tiramisu

SKŁADNIKI

- bezcukrowe biszkopty, 4 szt.
- mocna zaparzona kawa rozpuszczalna
- serek naturalny, 150 g
- żelatyna, 0,5 łyżeczki
- słodzik naturalny ze stewii w proszku, 0,5 łyżeczki
- odrobina naturalnego kakao i aromatu śmietankowego

WYKONANIE

Serek miksujemy, dolewamy do niego rozpuszczoną żelatynę i słodzik. Na dnie salaterki układamy 2 biszkopty nasączone kawą z aromatem śmietankowym. Na to wykładamy połowę masy serowej, potem znów biszkopty nasączone kawą z aromatem śmietankowym, a na to resztę masy. Gdy całość stężeje, posypujemy naturalnym kakao.

CZY WIESZ, ŻE...

kawa nie tylko pobudza, ale, jak wynika z niektórych badań, także chroni przed pojawieniem się raka krtani i jamy ustnej.

Sorbet
limonkowy z bazylią

SKŁADNIKI

- cukier brzozowy, 100 g
- woda, 100 ml
- sok z limonki, 100 ml
- liście świeżej bazylii, 10 szt.

WYKONANIE

Wodę i cukier przekładamy do rondelka i na małym ogniu podgrzewamy do uzyskania konsystencji syropu. Odstawiamy do wystudzenia. Do syropu dodajemy bazylię, sok z limonki i wszystko miksujemy blenderem. Przekładamy do plastikowego pojemnika i odstawiamy do zamrażarki na noc.

CZY WIESZ, ŻE...

w 100 g limonki znajduje się około 45 mg witaminy C, czyli więcej niż w cytrynie.

Szarlotka

SKŁADNIKI

- jabłka, 1 kg
- masło bez dodatku soli, 1 łyżka
- ciepła woda, 150 ml
- mąka orkiszowa, 240 g
- białka z jajka, 4 szt.
- cukier brzozowy, 50 g
- cynamon do smaku

WYKONANIE

Od mąki odejmujemy 2 łyżki, resztę zagniatamy z masłem i wodą. Odstawiamy. Jabłka obieramy, kroimy na mniejsze kawałki, przekładamy do garnka i dusimy na małym ogniu. Dodajemy cynamon. W niewielkiej ilości wody rozprowadzamy pozostałą mąkę i dolewamy do jabłek, zagęszczając je. Blachę do pieczenia wykładamy papierem. Przygotowane wcześniej ciasto rwiemy na mniejsze kawałki i wylepiamy nim blachę. Spód zapiekamy przez 8 minut w temp. 180°C. Następnie kładziemy na niego jabłka. Z białek i cukru ubijamy sztywną pianę i wykładamy na wierzch. Całość pieczemy przez 40 minut w temp. 180°C.

CZY WIESZ, ŻE...

regularne jedzenie jabłek przez kilka miesięcy pomaga obniżyć poziom złego cholesterolu.

SKŁADNIKI

WYKONANIE

SKŁADNIKI

WYKONANIE

NOTATKI

Pieczywo

Pieczywo

Bułki, bułeczki, rogale oraz przeróżne chleby często nas gubią i powodują poważne problemy z nadmiarem kilogramów. Jemy zbyt dużo pieczywa, a w dodatku sięgamy po to najgorszej jakości. W sklepach najczęściej dostępne jest pieczywo z dużą zawartością soli i sacharozy, przygotowane z oczyszczonej mąki, pozbawionej wielu ważnych składników odżywczych. Przepisy, jakie przygotowałem do tej książki, w większości bazują na mące pełnoziarnistej, zawierającej m.in. witaminę E, cynk, potas, wapń i żelazo. Proponowane tu pieczywo ma także duże ilości błonnika pokarmowego, który korzystnie wpływa na pracę układu pokarmowego, a przy okazji pomaga utrzymać w ryzach poziom złego cholesterolu.

Chleb orkiszowo-żytni wieloziarnisty

SKŁADNIKI

- mąka żytnia z pełnego przemiału, 0,5 kg
- mąka orkiszowa pełnoziarnista, 0,5 kg
- siemię lniane, 1 szklanka
- otręby owsiane, 1 szklanka
- płatki żytnie, 1 szklanka
- pestki słonecznika, 1 szklanka
- miód, 1 łyżeczka
- woda gazowana, 0,5 l
- ciepła woda przegotowana, 0,5 l
- drożdże, 25 g

WYKONANIE

Z mąki odkładamy po pół szklanki mąki orkiszowej oraz żytniej. Dodajemy drożdże i zalewamy ciepłą wodą. Odstawiamy w ciepłe miejsce aż do wyrośnięcia. Następnie mieszamy wszystkie suche składniki, dodajemy wyrośnięty zakwas oraz wodę gazowaną i łyżeczkę miodu. Wyrabiamy ciasto, aż będzie odchodzić od ręki. Odstawiamy na kilka godzin do wyrośnięcia. Przekładamy do dwóch prostokątnych foremek, obsypujemy po wierzchu odrobiną siemienia, pestek słonecznika oraz płatków. Pieczemy około 1 godziny w temp. 200°C.

CZY WIESZ, ŻE...

lignany zawarte w życie mogą chronić przed powstaniem niektórych nowotworów.

Kukurydziany

chleb bez mąki

- otręby pszenne, 4 łyżki
- otręby żytnie, 4 łyżki
- otręby owsiane, 10 łyżek
- jogurt naturalny, 150 g

SKŁADNIKI

- drożdże, 0,5 paczki
- mleko, 0,5 szklanki
- jajka, 3 szt.
- skrobia kukurydziana, 3–4 łyżki
- migdały
- rodzynki

WYKONANIE

Mieszamy wszystkie składniki. Ciasto powinno mieć nieco lżejszą konsystencję niż na pierogi. Gdy jest za gęste, możemy dolać mleka. Pieczemy 30–35 minut w temp. 200°C.

CZY WIESZ, ŻE...

chleb żytni sprawdza się jako środek zapobiegający rozwojowi cukrzycy typu 2.

Chleb
z orzechami

SKŁADNIKI

- mąka orkiszowa typ 2000, 400 g
- suszone drożdże instant, 1 łyżeczka
- letnia woda, 250 ml
- orzechy (laskowe i włoskie) i migdały, 70 g

WYKONANIE

Mąkę wsypujemy do misy. Orzechy wrzucamy na rozgrzaną, suchą patelnię i chwilę prażymy. Następnie siekamy je na drobniejsze kawałki i dorzucamy do mąki. Dodajemy drożdże.

Powoli zaczynamy wlewać letnią wodę cienkim strumieniem i zagniatamy ciasto. Wyrabiamy przez 15 minut. Następnie zostawiamy je w misie, przykrywamy ściereczką i stawiamy w ciepłym miejscu na godzinę.

Formę keksówkę smarujemy masłem bez soli i obsypujemy otrębami lub mąką. Innym sposobem na to, by ciasto nie kleiło się do formy, jest wyłożenie keksówki papierem do pieczenia. Do formy przekładamy ciasto, wyrównujemy wierzch, przykrywamy ściereczką i odstawiamy w ciepłe miejsce na 45 minut.

Piekarnik nagrzewamy do temp. 220°C, chleb nacinamy z wierzchu ostrym nożem, aby utworzyć ukośne linie, i pieczemy przez 30 minut. Następnie zmniejszamy temp. do 200°C i jeszcze kilka minut dopiekamy. Studzimy przed podaniem.

CZY WIESZ, ŻE...

orkisz zawiera duże ilości witamin z grupy B, PP, a także potas, wapń i żelazo.

CZY WIESZ, ŻE…

lecytyna zawarta w sezamie podnosi nasz potencjał intelektualny, dzięki niej łatwiej się uczymy i mamy lepszą koncentrację.

Chleb żytni na zakwasie

SKŁADNIKI

- aktywny zakwas żytni, 100 g
- mąka żytnia chlebowa (typ 720), 450 g
- letnia woda, 200 ml
- suszone drożdże instant, 1 łyżeczka
- miód, 5 łyżek
- sezam, 4 łyżki
- masło bez soli do wysmarowania formy

WYKONANIE

Mąkę łączymy z drożdżami i zakwasem. Dodajemy miód i sezam, dokładnie mieszamy. Stopniowo wlewamy letnią wodę, cały czas wyrabiając ciasto. Po 10–15 minutach ciasto powinno być wyrobione. Będzie gęstsze od zakwasu i odrobinę lepkie. Ciasto w misie przykrywamy czystą ściereczką. Stawiamy je w ciepłym miejscu na 1,5 godziny. Bierzemy podłużną formę do pieczenia (może być keksówka) i smarujemy ją odrobiną masła. Brzegi i spód formy obsypujemy sezamem. Zwilżamy ręce wodą i przekładamy ciasto do formy, wyrównując dłonią wierzch chleba. Górę obsypujemy sezamem, który delikatnie dociskamy do ciasta. Formę przykrywamy ściereczką i stawiamy w ciepłym miejscu jeszcze na godzinę. Po podwojeniu objętości ciasta chleb jest gotowy do pieczenia.

Wkładamy go do rozgrzanego piekarnika o temp. 220°C. Pieczemy przez 15 minut. Potem zmniejszamy temperaturę do 190°C i pieczemy jeszcze 20 minut, dzięki czemu skórka będzie zarumieniona, a miąższ chleba miękki i delikatny. Upieczony chleb wyjmujemy z piekarnika i formy. Studzimy.

Pikantne
bułeczki orkiszowe z czarnuszką

SKŁADNIKI

- mąka orkiszowa, 800 g
- drożdże suszone, opakowanie 7 g
- woda przegotowana, 0,6 l
- czarnuszka, 2 łyżki
- ostra papryka w proszku, 2 łyżki
- jajko, 1 szt.
- oliwa z oliwek, 2 łyżki stołowe
- masło bez soli do wysmarowania blachy

WYKONANIE

Do miski wsypujemy mąkę, miód, oliwę. W oddzielnym naczyniu rozprowadzamy drożdże z wodą (temperatura wody nie może być niższa niż 40°C) i dolewamy do miski. Wyrabiamy ciasto, aż będzie odchodziło od dna miski. Dzielimy na kilka części i wyrabiamy z nich bułeczki. Układamy je na blaszce i pozostawiamy do wyrośnięcia. Następnie smarujemy roztrzepanym jajkiem, posypujemy czarnuszką i oprószamy ostrą mieloną papryką. Pieczemy w temp. 200°C około 30 minut.

CZY WIESZ, ŻE...

orkisz dzięki zawartości kwasu krzemowego poprawia stan skóry, włosów i paznokci.

Pita ziołowo-paprykowa

SKŁADNIKI

- mąka orkiszowa chlebowa, 250 g
- suszone drożdże, 1 łyżeczka
- letnia woda, 150 ml
- czosnek, 1 ząbek
- słodka papryka, 2 łyżeczki
- świeże zioła (rozmaryn, tymianek, oregano, kolendra), 1 garść
- oliwa z oliwek do wysmarowania misy

WYKONANIE

Mąkę mieszamy z drożdżami. Bardzo powoli wlewamy 100 ml letniej wody i zaczynamy wyrabiać ciasto. Gdy składniki zaczną się ze sobą łączyć i cała woda zostanie wlana, dodajemy do ciasta przeciśnięty przez praskę ząbek czosnku i posiekane drobno zioła. Wlewając powoli 50 ml wody, cały czas wyrabiamy ciasto. Kiedy połączy się w elastyczną kulę, wkładamy je do misy wysmarowanej oliwą i przykrywamy folią spożywczą. Stawiamy w ciepłym miejscu na 1,5 godziny. Następnie, wykładamy ciasto z misy, dzielimy na mniejsze kuleczki i wałkujemy do uzyskania "placków". Tak rozwałkowane ciasto układamy na blasze i pieczemy przez 20 minut w temperaturze ok. 180º C.

CZY WIESZ, ŻE...

orkisz pomaga obniżyć poziom złego cholesterolu LDL we krwi.

Chleb razowy na zakwasie

SKŁADNIKI

Zaczyn

- aktywny zakwas żytni, 50 g
- mąka żytnia razowa, 200 g
- letnia woda, 200 ml

Ciasto

- mąka żytnia razowa, 520 g
- pestki słonecznika, 120 g
- otręby żytnie, 100 g
- sezam, 30 g
- letnia woda, 350 ml
- masło bez soli do wysmarowania blaszki

WYKONANIE

Dzień przed pieczeniem: Zakwas mieszamy z mąką i letnią (ale nie gorącą) wodą. Konsystencja zaczynu powinna być ciężka i gęsta. Odstawiamy na noc w ciepłe miejsce, aby przefermentował.

Dzień pieczenia: Otręby wsypujemy do miseczki i zalewamy gorącą wodą, tak aby je zakryła. Odstawiamy na 15 minut. Mąkę mieszamy z wcześniej przygotowanym zaczynem, pestkami słonecznika i sezamem. Dodajemy także otręby, razem z wodą, w której się moczyły. Ciasto wyrabiamy mikserem i dodajemy powoli letnią wodę. Składniki mieszamy kilka minut. Ciasto powinno wyjść w miarę rzadkie.

Długą keksówkę smarujemy masłem. Przekładamy do niej przygotowane ciasto, by sięgało do 3/4 wysokości. Wierzch ciasta wyrównujemy łyżką lub zwilżoną dłonią. Przykrywamy czystą ściereczką i stawiamy w ciepłym miejscu na 3 godziny. Piekarnik rozgrzewamy do 240°C. Najpierw ciasto pieczemy 20 minut, potem zmniejszamy temperaturę do 200°C i pieczemy 30 minut. Na koniec zmniejszamy temperaturę do 180°C i dopiekamy jeszcze 15 minut. Upieczony chleb wyciągamy z piekarnika i z formy, studzimy na kuchennej kratce.

CZY WIESZ, ŻE...

żyto zapobiega rozwojowi miażdżycy.

Świąteczne

bułki śniadaniowe

SKŁADNIKI

- mąka orkiszowa, 450 g
- otręby pszenne, 100 g
- woda, 1 szklanka
- drożdże instant, 14 g
- oliwa z oliwek, 1 łyżka
- płatki lniane, 1 łyżka
- płatki górskie, 1 łyżka
- pestki dyni, 1 łyżka

WYKONANIE

Mąkę, drożdże, otręby, oliwę i wodę o temp. około 45°C mieszamy w misce. Zagniatamy 10 minut, po czym odkładamy na 30 minut do wyrośnięcia. Z ciasta formujemy bułki, posypujemy je płatkami i pestkami. Wkładamy do piekarnika nagrzanego do temp. 160°C i pieczemy przez 20 minut.

CZY WIESZ, ŻE...

po pestki dyni powinny sięgać osoby zagrożone miażdżycą i mające za wysoki poziom złego cholesterolu LDL.

Chleb
wieloziarnisty

SKŁADNIKI

- mąka gryczana, 400 g
- przegotowana ciepła woda, 0,6 l
- mąka żytnia, 100 g
- płatki owsiane, 100 g
- pestki słonecznika, 50 g
- sezam, 50 g
- wyłuskane pestki dyni, 100 g
- siemię lniane, 100 g
- drożdże, 50 g

WYKONANIE

Mieszamy mąkę i wodę z rozprowadzonymi drożdżami, następnie dodajemy pozostałe składniki, wyrabiamy luźne ciasto. Wkładamy do blaszki i pozostawiamy do wyrośnięcia na około 15–20 minut. Następnie wkładamy do piekarnika nagrzanego do temp. 190°C i pieczemy 60 minut.

CZY WIESZ, ŻE...

mąka gryczana powstała z ziaren gryki, w których występują duże ilości przeciwutleniaczy, pomaga zapobiegać miażdżycy i nowotworom.

Chleb
z kminkiem i słonecznikiem

SKŁADNIKI

- mąka orkiszowa, 800 g
- miód, 1 łyżeczka
- drożdże suszone, opakowanie 7 g
- woda przegotowana, 0,6 l
- kminek mielony, 2 łyżki
- oliwa z oliwek, 2 łyżki stołowe
- pestki słonecznika do posypania
- masło bez soli do wysmarowania blachy

WYKONANIE

Do miski wsypujemy mąkę, dodajemy miód i oliwę. W oddzielnym naczyniu rozprowadzamy drożdże z wodą (temperatura wody nie może być niższa niż 40°C) i dolewamy do miski. Wyrabiamy ciasto, aż będzie odchodziło od dna miski. Dzielimy na dwie części i wkładamy do foremek wysmarowanych masłem i wysypanych mąką. Ciasto przykrywamy ściereczką i odstawiamy na 1,5 godziny w ciepłe miejsce, aż podwoi swoją objętość. Następnie pieczemy w temp. 200°C około 1 godziny.

CZY WIESZ, ŻE...

kminek ma działanie przeciwzapalne i rozkurczowe.

SKŁADNIKI

WYKONANIE

SKŁADNIKI

WYKONANIE

NOTATKI

Być fit po świętach

Być fit po świętach

Jak przetrwać święta i nie przytyć? To dylemat, przed jakim co roku staje tysiące Polaków. Ręka w górę, kto choć raz zastanawiał się, jak tego dokonać. Kochamy świętować przy stole i z pokolenia na pokolenie przekazujemy sobie tę tradycję. Nie mam zamiaru toczyć wojny z naszymi narodowymi przyzwyczajeniami, chociaż muszę przyznać, że coraz więcej osób decyduje się spędzać czas świąt w sposób aktywny.

Bez względu na to, jaką formę świętowania wybierzecie, pamiętajcie, że to Wy decydujecie o tym, co i ile zjecie, a także jak będziecie się czuli po skończonych świętach. Pamiętajcie też, że możecie zjeść znakomite świąteczne dania, ale przygotowane w sposób, który nie będzie miał złego wpływu na formę i samopoczucie.

Od lat powtarzam swoim pacjentom, aby w czasie świąt nie wychodzili z diety. Nie warto przerywać raz rozpoczętego procesu. Za rok znowu zasiądą do stołu i spróbują wielu specjałów, ale wtedy będą już zapewne mieli za sobą cały proces odchudzania. Dlatego warto ten jeden raz pozostać na diecie i nie być wiernym tradycji. Osoby aktywne, które nie muszą przechodzić przez program odchudzania, mają łatwiej, choć im także im może się zdarzyć zakończyć święta ze znacznie większą wagą niż mieli, kiedy rozpoczynali świętowanie. Jak do tego nie dopuścić? Wystarczy skorzystać z poniższych przepisów. Znajdziecie tam receptury na tradycyjne świąteczne potrawy przygotowane jednak w nieco mniej tradycyjny, za to znacznie zdrowszy sposób.

Barszcz wigilijny

SKŁADNIKI

- burak, 4 szt.
- czosnek, 2 ząbki
- suszone prawdziwki, 1 garść
- wywar warzywny (z marchwi, selera, pietruszki i pora), 2 l
- liść laurowy, 2 szt.
- ziele angielskie, 4 szt.
- majeranek, 2 łyżki
- pieprz czarny, 6 ziaren
- posiekana nać pietruszki, 3 łyżki
- sok z cytryny, 3 łyżki

WYKONANIE

Grzyby płuczemy na sitku, wkładamy do rondelka, zalewamy 2 szklankami zimnej wody i zostawiamy na noc do namoczenia. Następnego dnia grzyby gotujemy do miękkości w wodzie, w której się moczyły, z dodatkiem liści laurowych i czosnku. Buraki myjemy, każdy zawijamy w folię aluminiową, układamy na blasze do pieczenia i pieczemy do miękkości przez około 1 godzinę w temp. 190°C. Rozwijamy z folii, obieramy i ścieramy na tarce o dużych oczkach. Do wrzącego wywaru z warzyw dodajemy majeranek, pieprz, ziele angielskie oraz natkę pietruszki. Dodajemy starte buraki i doprowadzamy do wrzenia. Gotujemy na malutkim ogniu przez około 3–4 minuty, zdejmujemy z ognia i dodajemy sok z cytryny. Wywar warzywny cedzimy (najlepiej odczekać jeden dzień, jeśli mamy czas, wówczas barszcz będzie bardziej intensywny) i łączymy z wywarem z grzybów.

CZY WIESZ, ŻE...

buraki to nie tylko żelazo. Są także zasadotwórcze, dzięki czemu pomagają zapobiegać zakwaszaniu organizmu.

Gołąbki
wigilijne z kaszą i grzybami

SKŁADNIKI

- kapusta biała, 1 szt.
- suszone grzyby, 100 g
- cebula, 1 szt.
- kasza gryczana prażona, 2 szklanki
- woda, 3 szklanki
- masło, 30 g
- pieprz czarny

WYKONANIE

Grzyby suszone płuczemy i moczymy w zimnej wodzie, odstawiamy na noc. Następnego dnia gotujemy i kroimy w paski. Zachowujemy wywar. Kapustę gotujemy w garnku, nożem oddzielamy liście wierzchnie (już sparzone). Cebulę kroimy w plasterki i parujemy do miękkości, szatkujemy. Do garnka wlewamy 3 szklanki wody, dodajemy masło i gotujemy. Na wrzątek wrzucamy opłukaną i przebraną kaszę. Zmniejszamy ogień i gotujemy na małym ogniu, aż kasza wchłonie wodę. Dodajemy grzyby i cebulę, dokładnie mieszamy. Wstawiamy garnek z kaszą do piekarnika nagrzanego do temp. 160°C i pieczemy przez 40 minut. Odstawiamy do wystudzenia. Kaszę zawijamy w liście sparzonej kapusty i układamy dosyć ciasno w naczyniu żaroodpornym. Zalewamy wywarem z grzybów i pieczemy w temp. 160°C przez godzinę.

CZY WIESZ, ŻE...

w kapuście są magnez, potas, wapń, żelazo i kwas foliowy.

Karp z pistacjami i pomarańczowymi buraczkami

SKŁADNIKI

- karp, 700 g
- świeżo zmielony pieprz
- pistacje bardzo drobno posiekane, 7 łyżek
- bułka tarta z chleba orkiszowego, 7 łyżek
- cebulka szalotka drobno posiekana, 2 szt.
- starta skórka cytryny, 0,5 łyżeczki
- starta skórka pomarańczy, 0,5 łyżeczki
- posiekana natka pietruszki, 4 łyżki
- czosnek przeciśnięty przez praskę, 1 ząbek
- oliwa z oliwek, 8 łyżek
- burak, 3 szt.
- sok ze świeżo wyciśniętej pomarańczy, 0,5 szklanki
- rodzynki, 0,5 szklanki
- cynamon, 0,5 łyżeczki

WYKONANIE

Rozdrobnione pistacje prażymy na suchej patelni. Mieszamy z bułką tartą, szalotką, skórką cytryny, czosnkiem, natką pietruszki, 6 łyżkami oliwy z oliwek i świeżo zmielonym pieprzem. Karpia dzielimy na dzwony, płuczemy zimną wodą. Układamy na blasze do pieczenia i przykrywamy pistacjowym farszem, lekko go dociskając do ryby. Wkładamy do piekarnika nagrzanego do temp. 180°C i pieczemy przez 20 minut. Buraczki myjemy, każdy zawijamy oddzielnie w kawałek folii aluminiowej, układamy na blasze do pieczenia i wstawiamy do piekarnika nagrzanego do temp. 200°C, pieczemy przez 1 godzinę. Rodzynki zalewamy wrzącą wodą i moczymy przez około 20 minut. Buraczki obieramy ze skórek i ścieramy na tarce o dużych oczkach. Dodajemy do nich skórkę i sok z pomarańczy, mieszamy z odsączonymi rodzynkami. Doprawiamy cynamonem i sporą ilością świeżo zmielonego pieprzu. Mieszamy i podgrzewamy.

CZY WIESZ, ŻE...

karp zawiera wiele dobroczynnych pierwiastków, m.in. fosfor, magnez, potas, wapń.

Muffiny
świąteczne

SKŁADNIKI

- płatki owsiane, 100 g
- płatki migdałowe, 50 g
- suszone morele, 50 g
- suszona żurawina, 2 łyżki
- jogurt naturalny, 200 g
- mąka orkiszowa, 180 g
- jajko, 1 szt.
- miód gryczany, 2 łyżki
- cynamon, 1 łyżeczka
- oliwa z oliwek, 80 ml
- proszek do pieczenia, 2,5 łyżeczki
- soda oczyszczona, 0,5 łyżeczki

WYKONANIE

Płatki owsiane łączymy z jogurtem i odstawiamy na kilka minut. Morele kroimy w drobną kostkę. Mąkę mieszamy z cynamonem, proszkiem do pieczenia i sodą. Przesiewamy do miski. Do mąki dodajemy migdały, morele i suszoną żurawinę. Do płatków z jogurtem dodajemy roztrzepane jajko, miód i oliwę. Całość mieszamy z suchymi składnikami. Do blaszki wyłożonej papilotkami przekładamy ciasto. Pieczemy w piekarniku rozgrzanym do temp. 180°C przez około 25 minut.

CZY WIESZ, ŻE...

migdały to znakomite źródło wapnia. W 50 g migdałów znajduje się ok. 100 mg tego pierwiastka.

Razowe kluski z makiem

SKŁADNIKI

- makaron razowy, 150 g
- suchy mak, 300 g
- suszone śliwki, 100 g
- suszone morele, 100 g
- suszona żurawina, 100 g
- miód gryczany, 3 łyżki

WYKONANIE

Makaron gotujemy według przepisu na opakowaniu. Mak zalewamy zimną wodą i moczymy przez całą noc, następnie gotujemy około godziny. Mielimy w maszynce 1–2 razy. Dodajemy suszone owoce i miód. Mieszamy z makaronem.

CZY WIESZ, ŻE...

morele zawierają m.in. potas, wapń i fosfor i witaminę A. Dzięki temu korzystnie wpływają na stan naszej skóry i układu kostnego.

WYKONANIE

Kaszę jaglaną gotujemy według instrukcji podanej na opakowaniu. Porcję rosołową, piersi z kurczaka, warzywa, ziele angielskie, liść laurowy, pieprz i czosnek zalewamy wodą i gotujemy na wywar. Wystudzamy i przecedzamy. Warzywa, mięso z porcji i piersi odkładamy na bok. Wątróbki i cebulę grillujemy na patelni grillowej. Przekładamy do garnka, dodajemy tymianek, masło, oliwę i podlewamy wcześniej przygotowanym wywarem. Dusimy przez kilka minut na małym ogniu. Zawartość garnka, mięso z kurczaka i warzywa przekładamy do jednej misy i mielimy wszystko w maszynce co najmniej 3 razy. Do masy dodajemy żurawinę, wyrabiamy i przekładamy do keksówek. Pieczemy w temp. 180°C przez około godzinę.

CZY WIESZ, ŻE...

wątróbka ma w sobie duże ilości żelaza i cynku, ale ze względu na inne składniki nie powinna być spożywana każdego dnia.

Pasztet drobiowy z kaszą jaglaną i żurawiną

SKŁADNIKI

- kasza jaglana, 0,5 szklanki
- pierś z kurczaka, 1 kg
- wątróbka drobiowa, 300 g
- porcja rosołowa
- seler, 1 szt.
- por, 1 szt.
- pietruszka, 2 szt.
- marchew, 2 szt.
- duża cebula, 1 szt.
- jajka, 2 szt.
- liść laurowy, 2 szt.
- ziele angielskie, kilka ziaren
- świeży tymianek
- oliwa z oliwek, 1 łyżka
- masło bez soli, 1 łyżka
- suszona żurawina, 0,5 szklanki
- czosnek, 6 ząbków
- pieprz do smaku

Świąteczne pierogi z dynią, migdałami i cynamonem

SKŁADNIKI

- mąka orkiszowa jasna, 700 g
- gorąca woda, 450 ml
- oliwa z oliwek, 2 łyżki
- jajka, 2 szt.
- dynia mrożona, 0,5 kg
- świeży imbir, 3 cm
- curry bez soli, 3 łyżeczki
- płatki migdałowe, 50 g
- cynamon, 1 łyżeczka

WYKONANIE

Dynię gotujemy al dente w małej ilości wody. Następnie rozgniatamy tłuczkiem do ziemniaków. Dodajemy płatki z migdałów, curry i starty korzeń imbiru. Mąkę, wodę i 1 jajko zagniatamy na ciasto i wyrabiamy przez około 15 minut. Gotowe ciasto dzielimy na mniejsze części i rozwałkowujemy. Szklanką wycinamy krążki w cieście, a na krążkach układamy farsz. Zwijamy ciasto, formując pierogi. Do garnka z wodą dodajemy łyżkę oliwy z oliwek i doprowadzamy do wrzenia. Na wrzątek kładziemy pierogi i gotujemy przez około 15 minut. Po wyjęciu z wody posypujemy cynamonem.

CZY WIESZ, ŻE...

beta-karoten występujący m.in. w dyni nie tylko ma dobry wpływ na stan skóry, ale przypisuje się mu także działanie antynowotworowe.

Ryba po grecku z rodzynkami i pieczarkami

SKŁADNIKI

- filety z dorsza, 4 szt.
- pieczarki, 500 g
- marchewka, 4 duże
- rodzynki, 100 g
- cebula, 1 duża
- pietruszka, 2 korzenie
- pomidory, 2 średnie

WYKONANIE

Rybę pieczemy w piekarniku w temp. 160°C przez 30 minut. Marchew i korzenie pietruszki gotujemy na parze, po czym ścieramy na tarce o grubych oczkach. Pieczarki, cebulę i pomidory kroimy w kostkę i dodajemy do marchwi i korzenia pietruszki. Rodzynki zalewamy wrzątkiem. Gdy już zmiękną, dodajemy je do warzyw. Tak przygotowane warzywa wykładamy na rybę i pieczemy przez 20 minut w temp. 150°C.

CZY WIESZ, ŻE...

rodzynki mogą pomóc obniżyć ciśnienie krwi. To zasługa zawartego w nich potasu.

Racuchy
z jabłkami

SKŁADNIKI

- jabłko, 250 g
- cynamon, 1 łyżeczka
- cukier brzozowy, 10 g
- mąka orkiszowa, 130 g
- proszek do pieczenia, 0,5 łyżeczki
- woda, 0,5 szklanki
- jajka, 2 szt.
- oliwa z oliwek, 2 łyżki

WYKONANIE

Obrane i wydrążone jabłko kroimy w kostkę. Dodajemy cynamon, cukier i dokładnie mieszamy. W misce łączymy mąkę z proszkiem do pieczenia. Białka ubijamy, dodajemy żółtko, oliwę i wodę, na zmianę z mąką, cały czas miksując masę. Dodajemy jabłka i delikatnie mieszamy. Na suchą, rozgrzaną patelnię wykładamy placuszki z masy. Smażymy, aż spód stwardnieje, i odwracamy.

CZY WIESZ, ŻE...

pektyny występujące w skórce jabłka usprawniają trawienie i pomagają regulować pracę jelit.

Sałatka
jarzynowa

SKŁADNIKI

- ziemniaki, 3 szt.
- korzeń pietruszki, 1 szt.
- jajka, 3 szt.
- cebula, 1 szt.
- marchew i groszek mrożony, 1,5 szklanki
- jogurt naturalny, 200 g
- świeżo starty chrzan, 0,5 łyżeczki
- świeżo starty imbir, 0,5 łyżeczki

WYKONANIE

Ziemniaki i pietruszkę dokładnie myjemy i gotujemy do miękkości. Studzimy, obieramy ze skórki i kroimy w kostkę. Jajka gotujemy na twardo i kroimy w kostkę. Marchew i groszek parzymy wrzątkiem. Jabłko obieramy i kroimy w kostkę. Wszystkie składniki wrzucamy do miski i dokładnie mieszamy. Jogurt mieszamy z chrzanem i imbirem. Doprawiamy pieprzem i mieszamy z pozostałymi składnikami.

CZY WIESZ, ŻE...

ziemniaki obniżają ciśnienie krwi. Ale pod jednym warunkiem: nie można przygotowywać ich z udziałem tłuszczu.

Tymbaliki
rybne

SKŁADNIKI

- filet z dorsza, 200 g
- krewetki tygrysie, obrane, bez przewodu pokarmowego, 6 szt.
- awokado, 0,5 szt.
- sok z limonki, 2 łyżki
- koperek, natka pietruszki
- żelatyna, 3,5 łyżki
- marchew, 2 szt.
- korzeń pietruszki, 1 szt.
- seler, 0,5 szt.
- por, 1 szt.
- ziele angielskie, 2 szt.
- pieprz, 2 szt.
- liść laurowy, 2 szt.
- oliwa z oliwek, 2 łyżki
- cukier brzozowy, 0,5 łyżki

WYKONANIE

Do garnka wlewamy 1/2 litra wody, dodajemy obrane warzywa pokrojone na mniejsze kawałki, pieprz, ziele angielskie, liść laurowy, pietruszkę i koperek. Gotujemy warzywa do miękkości. Odcedzamy, zachowując marchew, którą kroimy w kostkę. Dodajemy sok z limonki, oliwę i cukier. Podgrzewamy prawie do zagotowania i odstawiamy z ognia. Dodajemy żelatynę i mieszamy, aż całkowicie się rozpuści. Odstawiamy do częściowego zgęstnienia. Dorsza płuczemy pod zimną wodą i parujemy z krewetkami. Odsączamy. Filet rozdrabniamy, a krewetki kroimy w plasterki. Awokado obieramy i kroimy w kostkę, skrapiamy limonką. Do małych naczyń (np. filiżanek) wlewamy bulion, wypełniając je do 1/3, po czym wrzucamy rybę, krewetki, awokado i marchewkę. Dodajemy bulion, zalewając 2/3 filiżanki i ponownie dodajemy rybę, krewetki, awokado i marchew. Zalewamy bulionem i odstawiamy do wystudzenia, a następnie wstawiamy do lodówki, aby wszystko stężało.

CZY WIESZ, ŻE…

krewetki mają dużo białka, witamin z grupy B oraz jodu, wapnia i selenu.

Wigilijny kompot z suszu

SKŁADNIKI

- świeże jabłka, 2 duże
- suszone śliwki, 200 g
- suszone morele, 100 g
- suszone figi, 100 g
- suszone gruszki, 50 g
- kora cynamonu, kawałek
- laska wanilii
- goździki, 5 szt.

WYKONANIE

Suszone owoce, wanilię i cynamon zalewamy 0,5 litra wrzątku i zostawiamy na kilka godzin. Świeże jabłka kroimy na ćwiartki i wrzucamy do wrzątku. Gotujemy około 10 minut. Następnie dodajemy suszone owoce wraz z wodą, w której się moczyły i wszystko razem gotujemy około 7 minut.

CZY WIESZ, ŻE…

figi mogą rozwiązać wiele problemów ze zdrowiem, mają bowiem działanie przeciwbakteryjne, ułatwiają także pozbywanie się niektórych pasożytów.

Bakaliowa rolada cielęca

SKŁADNIKI

- cielęcina bez kości, 1,5 kg (sztuka)
- śliwka suszona, 60 g
- morela suszona, 40 g
- rodzynki, 80 g
- orzechy włoskie, 50 g
- czosnek, 3 ząbki
- tymianek, pieprz do smaku

WYKONANIE

Cielęcinę płuczemy dokładnie zimną wodą i wycieramy ręcznikiem papierowym. Nacieramy czosnkiem przeciśniętym przez praskę i pieprzem, po czym zawijamy w folię i wkładamy na noc do lodówki. Następnego dnia ostrym nożem przekrajamy mięso tak, aby powstał duży płaski płat. Na środku układamy bakalie oraz orzechy, wcześniej sparzone wrzątkiem i odcedzone. Posypujemy tymiankiem i zwijamy w roladę, dokładnie związując całość sznurem kuchennym. Przekładamy do formy i polewamy 3–4 łyżkami wody. Pieczemy przez około 1,5 godziny w temp. 170°C, od czasu do czasu podlewając sosem spod pieczeni. Wystudzoną pieczeń podajemy w plastrach.

CZY WIESZ, ŻE...

cielęcina jest zalecana osobom cierpiącym i narażonym na anemię ze względu na zawartość żelaza i witaminy B12.

Pasztet z zielonej soczewicy

SKŁADNIKI

- soczewica zielona, 500 g
- marchewka, 4 średnie
- cebula, 2 średnie
- seler, 1 mały
- pietruszka, 1 szt.
- jajka, 2 szt.
- drobne otręby, np. owsiane, 6 łyżek
- oliwa z oliwek, 5 łyżek
- majeranek, 1 łyżeczka
- oregano, 1 łyżeczka
- tymianek, 1 łyżeczka
- pieprz, ok. 0,5 łyżeczki
- świeża pietruszka, 1 pęczek

WYKONANIE

Soczewicę gotujemy do miękkości razem z warzywami. Odsączamy i przepuszczamy przez maszynkę. Następnie do zmielonej soczewicy z warzywami dodajemy jajka, otręby, posiekaną pietruszkę i 5 łyżek oliwy. Potem przyprawy: pieprz, majeranek, oregano, tymianek. Całość mieszamy łyżką. Masę przekładamy do wysmarowanej oliwą formy keksowej. Posypujemy po wierzchu dowolnymi otrębami i wstawiamy do piekarnika nagrzanego do temp. 190°C. Pieczemy przez 45 minut. Zostawiamy do ostygnięcia, dopiero potem wyjmujemy z formy.

CZY WIESZ, ŻE...

majeranek to znakomita przyprawa, która ma dobroczynny wpływ na pracę układu pokarmowego.

Pierogi z serem i świeżym szpinakiem

SKŁADNIKI

- mąka orkiszowa jasna, 700 g
- gorąca woda, 450 ml
- oliwa z oliwek, 1 łyżka
- jajko, 1 szt.
- ser biały chudy, 200 g
- szpinak świeży, 200 g
- czosnek, 2 ząbki
- pieprz cayenne, 2 g

WYKONANIE

Ser biały rozgniatamy widelcem. Dodajemy utarty czosnek i pieprz cayenne. Szpinak myjemy, odrywamy łodygi. Listki wrzucamy do wrzącej wody. Gotujemy około 3 minut. Wylewamy na sito, studzimy i drobno kroimy. Ser mieszamy ze szpinakiem. Mąkę, wodę i jajko zagniatamy na ciasto i wyrabiamy przez około 15 minut. Gotowe ciasto dzielimy na mniejsze części i rozwałkowujemy. Szklanką wycinamy krążki w cieście, a na nich układamy farsz. Zwijamy ciasto, formując pierogi. Do garnka z wodą dodajemy łyżkę oliwy z oliwek i doprowadzamy do wrzenia. Na wrzątek kładziemy pierogi i gotujemy przez około 15 minut.

CZY WIESZ, ŻE...

pieprz cayenne pomaga leczyć wrzody układu pokarmowego, a dzięki swojemu bakteriobójczemu działaniu chroni przed zatruciami.

Jajka faszerowane pieczarkami z pieprzem cayenne

SKŁADNIKI

- jajka na twardo, 4 szt.
- pieczarki, 2 średnie
- świeży szczypiorek, 2 łyżeczki
- sałata zielona, 4 liście
- jogurt naturalny, 4 łyżki
- pieprz cayenne, 1 g
- natka pietruszki
- rzeżucha

WYKONANIE

Jajka ugotowane na twardo kroimy na połówki, następnie wydrążamy żółtka, które umieszczamy w miseczce. Do żółtek dodajemy pieczarki starte na wiórki, ugotowane wcześniej na parze. Po rozmieszaniu dodajemy 2 łyżki posiekanego szczypiorku oraz 4 łyżki jogurtu naturalnego. Doprawiamy pieprzem cayenne. Wszystko mieszamy, aż uzyskamy jednolitą masę, i uzupełniamy puste połówki białek. Wykładamy na liście sałaty i ozdabiamy natką pietruszki oraz rzeżuchą.

CZY WIESZ, ŻE...

regularne spożywanie rzeżuchy wyjdzie na zdrowie Twoim włosom oraz pomoże w przypadku problemów z tarczycą.

Sernik
na zimno

SKŁADNIKI

- serki naturalne, 6 opakowań (po 150 g)
- zapach rumowy, pół fiolki
- stewia w proszku, 4–6 łyżeczek
- żelatyna, 2/3 opakowania
- naturalny sok z jagód, czarnej porzeczki lub malin, kilka łyżeczek
- mleko, 100 ml
- woda, 3/4 szklanki
- owoce do dekoracji

WYKONANIE

Serki (trzymane w ciepłym miejscu) wkładamy do miski, dodajemy aromat rumowy i stewię w proszku, wszystko mieszamy. Następnie, ciągle mieszając, dodajemy żelatynę (2/3 opakowania) rozpuszczoną w mleku. Tak przygotowaną masę serową przekładamy do tortownicy i zostawiamy do zastygnięcia. Pozostałą żelatynę rozpuszczamy w wodzie i dodajemy sok, dosładzamy ewentualnie stewią w proszku. Na zastygniętej masie serowej układamy owoce i zalewamy galaretką.

CZY WIESZ, ŻE...

stewia to roślina o słodkich liściach, z których od lat wytwarza się naturalny słodzik. Co warto o niej zapamiętać? Że jest słodsza od cukru i prawie nie ma kalorii.

Pulpeciki z indyka i szpinaku z sosem koperkowo--jogurtowym

SKŁADNIKI

- mięso mielone z indyka, 300 g
- szpinak, 150 g
- płatki owsiane, 4–5 łyżek
- jajko, 1 szt.
- czosnek, 1 ząbek
- pieprz, majeranek, gałka muszkatołowa, koperek do smaku
- oliwa z oliwek, 1 łyżka
- gęsty jogurt naturalny, 250 ml

WYKONANIE

Szpinak i drobno pokrojony czosnek dusimy na małym ogniu. Miksujemy blenderem. Mięso wkładamy do miski, dorzucamy płatki owsiane, szpinak, oliwę, roztrzepane białko, pieprz, majeranek, gałkę muszkatołową i dokładnie mieszamy. Z gotowej masy formujemy małe pulpeciki (jeżeli mięso będzie zbyt luźne, dokładamy więcej płatków). W rondelku gotujemy niewielką ilość wody i na wrzątek kładziemy pulpeciki, przykrywamy i gotujemy przez 15 minut. Wodę po pulpetach odparowujemy do połowy. Jogurt mieszamy z kilkoma łyżkami wody po pulpetach i poszatkowanym koperkiem.

CZY WIESZ, ŻE...

mięso z indyka to nie tylko białko i witaminy. W porównaniu z kurczakiem indyk znacznie mniej uczula.

Barszcz

biały ze świeżym chrzanem

SKŁADNIKI

- marchew, 2 szt.
- pietruszka, 1 szt.
- cebula, 1 szt.
- czosnek, 1 ząbek
- świeżo starty chrzan, 2 łyżki
- jajka gotowane na twardo, 2 szt.
- śmietana 12%, 3 łyżki
- masło (bez soli), 1/8 kostki
- sok z cytryny, 4 łyżeczki
- ziele angielskie, 5 ziaren
- liść laurowy
- natka pietruszki, 1 łyżka
- majeranek do smaku
- pieprz naturalny

WYKONANIE

Marchew obieramy, ścieramy na tarce o dużych oczkach. Cebulę i pietruszkę kroimy na pół. Warzywa wkładamy do 1 litra wrzącej wody i gotujemy do miękkości. Wyjmujemy cebulę i pietruszkę. Do wywaru dodajemy posiekany czosnek, utarty chrzan, majeranek, ziele angielskie, liść laurowy oraz sok z cytryny. Gotujemy około 10 minut. Zdejmujemy z ognia, lekko studzimy, następnie łączymy z masłem i śmietaną. Przyprawiamy do smaku. Ugotowane jajka kroimy i kładziemy na talerze, zalewamy barszczem, posypujemy natką pietruszki.

CZY WIESZ, ŻE...

swój charakterystyczny smak chrzan zawdzięcza synigrynie. To ona posiada właściwości odkażające i rozgrzewające.

WYKONANIE

Sos winegret: W małej miseczce mieszamy oliwę z miodem i pieprzem, a następnie dodajemy czosnek, pietruszkę, estragon i rozdrabniamy wszystko blenderem, aby uzyskać konsystencję sosu.
Sałatka: Rozdrobnioną sałatę lodową, kiełki i rukolę wrzucamy do miski. Dodajemy do tego cienkie plasterki ogórka, pomidorki koktajlowe przekrojone na połowę, paprykę pokrojoną w cienkie paski, drobne kawałki łososia i jajka pokrojone na 8 części. Dokładnie mieszamy składniki, wykładamy na talerz i polewamy sosem winegret. Ze względu na obecność surowej ryby i jajek sałatkę przyrządzamy bezpośrednio przed spożyciem.

CZY WIESZ, ŻE...

ogórek to wybitnie niskokaloryczne warzywo. 100 g to tylko 15 kcal, a na dodatek pomaga ono oczyszczać organizm.

Sałatka
ze słodkim winegretem, jajkiem i łososiem

SKŁADNIKI

- świeży łosoś, 100 g
- sałata lodowa, 1/4 główki
- rukola, mała garść
- kiełki rzodkiewki, mała garść
- jajka ugotowane na twardo, 2 szt.
- pomidorki koktajlowe, 4 szt.
- ogórek, 30 g
- papryka, 40 g
- oliwa z oliwek, 3 łyżki
- czosnek, 0,5 ząbka
- miód, 0,5 łyżeczki
- pieprz młotkowany, szczypta
- pietruszka, 3 listki
- estragon, 2 listki

Święconka
wielkanocna

SKŁADNIKI

- pieczywo chrupkie wieloziarniste, 2 kromki
- jajko gotowane na twardo, 1 szt.
- schab pieczony, 2 cienkie plasterki

WYKONANIE

Plasterki schabu wykładamy na blaszkę do pieczenia, nacieramy słodką papryką i rozmarynem. Pieczemy w temp. 180°C przez 8 minut.

CZY WIESZ, ŻE...

jajka w czasie gotowania nie tracą większości swoich właściwości odżywczych, o ile nie będziemy trzymać ich we wrzątku dłużej niż 10 minut.

Tatar wołowy

SKŁADNIKI

- udziec wołowy lub polędwica, 120 g
- cebula, 20 g
- żółtko z jajka, 1 szt.
- oliwa z oliwek, 1 łyżka
- imbir mielony do smaku
- poszatkowana nać pietruszki do posypania

WYKONANIE

Wołowinę siekamy nożem lub mielimy w maszynce. Dodajemy poszatkowaną cebulę, żółtko i doprawiamy pieprzem i imbirem. Przed podaniem posypujemy natką pietruszki.

CZY WIESZ, ŻE...

żółtko jajka jest znacznie bardziej kaloryczne od białka i w 2/3 składa się z różnych lipidów.

Tymbaliki z jajem

SKŁADNIKI

- korpus drobiowy, 1 szt.
- marchewki, 2 średnie
- korzeń pietruszki, 2 średnie
- ziele angielskie, 4 ziarenka
- pieprz, 5 ziarenek
- liść laurowy, 3 listki
- czosnek, 2 ząbki
- natka pietruszki, 4 gałązki
- jajka na twardo, 10 szt.
- żelatyna (nie należy używać „żelatyny spożywczej z przyprawami"), 8 łyżeczek
- cytryna do podania, 1 szt.

WYKONANIE

Wywar: Do garnka wrzucamy korpus i zalewamy go wodą. Stawiamy na średnim ogniu i gotujemy. Podczas gotowania łyżką cedzakową zbieramy powstały „szum". Zmniejszamy ogień tak, żeby wywar ledwo się gotował. Po 1,5 godziny dorzucamy marchew, korzeń pietruszki, ziele angielskie, liść laurowy, pieprz, czosnek i gałązki natki. Gotujemy dalej na bardzo małym ogniu przez około 2 godziny. Następnie zdejmujemy z ognia i przecedzamy, zachowując marchew i pietruszkę. Do osobnego garnka wlewamy 1 litr wywaru, zagotowujemy, zdejmujemy z ognia, dodajemy żelatynę i dokładnie ją rozpuszczamy.

Tymbaliki: Do 20 plastikowych kubeczków wlewamy po 2 łyżki wywaru z żelatyną i odstawiamy do stężenia w chłodne miejsce. Marchewkę i pietruszkę z wywaru kroimy w drobną kostkę. Gdy galareta stężeje, do każdego z kubeczków wkładamy jajko przekrojone na pół (żółtkiem do dołu), trochę marchewki i pietruszki i zalewamy jeszcze płynnym wywarem. Odstawiamy do lodówki na kilka godzin. Po stężeniu wyjmujemy ostrożnie tymbaliki z kubeczków, układamy jajkiem do góry i podajemy z kawałkiem cytryny.

CZY WIESZ, ŻE...

żelatyna zawiera duże ilości fluoru, który pomaga nam chronić zęby.

Wędzone roladki z kurczaka

SKŁADNIKI

- filety z kurczaka, 600 g
- ser biały, 150 g
- jajka, 3 szt.
- szczypiorek, 4 łyżeczki
- rzeżucha, 6 łyżek
- pieprz cayenne
- papryka słodka wędzona bez soli, 2 łyżeczki
- chili kruszone, 0,5 łyżeczki
- czosnek, 1 ząbek
- mielony kminek, 2 łyżeczki
- natka pietruszki, 6 gałązek
- olej rzepakowy, 1 łyżka

WYKONANIE

Filet z kurczaka kroimy na plastry. Zgnieciony czosnek, słodką wędzoną paprykę, kminek i pieprz cayenne mieszamy z łyżką oleju rzepakowego i nacieramy mięso. Odstawiamy do lodówki na godzinę. Następnie dusimy na teflonowej patelni pod przykryciem przez około 20 min, co jakiś czas uzupełniając wodę. Jajka gotujemy na twardo, przepoławiamy i wyjmujemy żółtka. Mieszamy ser i żółtka. Do tak powstałej masy dodajemy szczypiorek i chili kruszone. Masą wypełniamy połówki jajka i zawijamy w plaster z filetu z kurczaka, spinając wykałaczką. Każdą roladkę posypujemy rzeżuchą i ozdabiamy świeżą pietruszką.

CZY WIESZ, ŻE...

jedzenie szczypiorku może powodować obumieranie komórek niektórych rodzajów nowotworów.

SKŁADNIKI

WYKONANIE

SKŁADNIKI

WYKONANIE

NOTATKI

Tabele kaloryczne

Śniadania

Awokado faszerowane łososiem i serem

KALORYCZNOŚĆ 100 G POTRAWY	WAGA POTRAWY	ŁĄCZNA KALORYCZNOŚĆ POTRAWY
135 kcal	305 g	412 kcal

Bruschetta z rukolą i pieczywem chrupkim

KALORYCZNOŚĆ 100 G POTRAWY	WAGA POTRAWY	ŁĄCZNA KALORYCZNOŚĆ POTRAWY
67 kcal	285 g	190 kcal

Jajka faszerowane ogórkiem, rzodkiewką i koperkiem

KALORYCZNOŚĆ 100 G POTRAWY	WAGA POTRAWY	ŁĄCZNA KALORYCZNOŚĆ POTRAWY
98 kcal	210 g	205 kcal

Jajecznica z pomidorem i szczypiorkiem

KALORYCZNOŚĆ 100 G POTRAWY	WAGA POTRAWY	ŁĄCZNA KALORYCZNOŚĆ POTRAWY
96 kcal	240 g	230 kcal

Jajka faszerowane jogurtem i schabem

KALORYCZNOŚĆ 100 G POTRAWY	WAGA POTRAWY	ŁĄCZNA KALORYCZNOŚĆ POTRAWY
127 kcal	170 g	216 kcal

Kasza jaglana z truskawkami

KALORYCZNOŚĆ 100 G POTRAWY	WAGA POTRAWY	ŁĄCZNA KALORYCZNOŚĆ POTRAWY
64 kcal	375 g	240 kcal

Pasta łososiowa z pieczywem chrupkim

KALORYCZNOŚĆ 100 G POTRAWY	WAGA POTRAWY	ŁĄCZNA KALORYCZNOŚĆ POTRAWY
120 kcal	205 g	245 kcal

Płatki owsiane z imbirem i miodem

KALORYCZNOŚĆ 100 G POTRAWY	WAGA POTRAWY	ŁĄCZNA KALORYCZNOŚĆ POTRAWY
102 kcal	245 g	250 kcal

Płatki owsiane z jogurtem i suszoną śliwką

KALORYCZNOŚĆ 100 G POTRAWY	WAGA POTRAWY	ŁĄCZNA KALORYCZNOŚĆ POTRAWY
102 kcal	250 g	255 kcal

Ser biały z ogórkiem i koperkiem

KALORYCZNOŚĆ 100 G POTRAWY	WAGA POTRAWY	ŁĄCZNA KALORYCZNOŚĆ POTRAWY
75 kcal	245 g	185 kcal

Szpinakowa sałatka z orzechami i buraczkiem

KALORYCZNOŚĆ 100 G POTRAWY	WAGA POTRAWY	ŁĄCZNA KALORYCZNOŚĆ POTRAWY
133 kcal	225 g	300 kcal

Zupa mleczna z płatkami owsianymi

KALORYCZNOŚĆ 100 G POTRAWY	WAGA POTRAWY	ŁĄCZNA KALORYCZNOŚĆ POTRAWY
85 kcal	245 g	208 kcal

Obiady

Bakaliowe roladki z kurczaka nadziewane kiełkami

KALORYCZNOŚĆ 100 G POTRAWY	WAGA POTRAWY	ŁĄCZNA KALORYCZNOŚĆ POTRAWY
148 kcal	405 g	600 kcal

Dorsz zapiekany w czerwonych warzywach

KALORYCZNOŚĆ 100 G POTRAWY	WAGA POTRAWY	ŁĄCZNA KALORYCZNOŚĆ POTRAWY
67 kcal	685 g	460 kcal

Kremowy pasztet z kurczaka

KALORYCZNOŚĆ 100 G POTRAWY	WAGA POTRAWY	ŁĄCZNA KALORYCZNOŚĆ POTRAWY
93 kcal	625 g	580 kcal

Królik duszony w warzywach

KALORYCZNOŚĆ 100 G POTRAWY	WAGA POTRAWY	ŁĄCZNA KALORYCZNOŚĆ POTRAWY
62 kcal	1775 g	1105 kcal

Pieczony łosoś na grillowanych warzywach z sosem z awokado i limonki

KALORYCZNOŚĆ 100 G POTRAWY	WAGA POTRAWY	ŁĄCZNA KALORYCZNOŚĆ POTRAWY
92 kcal	910 g	835 kcal

Pierogi z serem i truskawkami

KALORYCZNOŚĆ 100 G POTRAWY	WAGA POTRAWY	ŁĄCZNA KALORYCZNOŚĆ POTRAWY
185 kcal	765 g	1415 kcal

Pierogi z zieloną soczewicą

KALORYCZNOŚĆ 100 G POTRAWY	WAGA POTRAWY	ŁĄCZNA KALORYCZNOŚĆ POTRAWY
212 kcal	875 g	1860 kcal

Pomarańczowy stek z polędwicy wołowej w asyście sałatki mista

KALORYCZNOŚĆ 100 G POTRAWY	WAGA POTRAWY	ŁĄCZNA KALORYCZNOŚĆ POTRAWY
83 kcal	770 g	640 kcal

Rosół z kluskami lanymi z mąki orkiszowej

KALORYCZNOŚĆ 100 G POTRAWY	WAGA POTRAWY	ŁĄCZNA KALORYCZNOŚĆ POTRAWY
46 kcal	1875 g	870 kcal

Sałatka z soczewicy, papryki, pomidorów i marchwi, z dodatkiem oleju rzepakowego

KALORYCZNOŚĆ 100 G POTRAWY	WAGA POTRAWY	ŁĄCZNA KALORYCZNOŚĆ POTRAWY
67 kcal	910 g	610 kcal

Stek z polędwicy wołowej z dodatkiem salsy z awokado i purée z selera

KALORYCZNOŚĆ 100 G POTRAWY	WAGA POTRAWY	ŁĄCZNA KALORYCZNOŚĆ POTRAWY
98 kcal	860 g	845 kcal

Zapiekana pierś z kurczaka z żurawiną na musie z sezamu i brokuł z brązowym ryżem

KALORYCZNOŚĆ 100 G POTRAWY	WAGA POTRAWY	ŁĄCZNA KALORYCZNOŚĆ POTRAWY
119 kcal	425 g	505 kcal

Kolacje

Dorsz pieczony w warzywach

KALORYCZNOŚĆ 100 G POTRAWY	WAGA POTRAWY	ŁĄCZNA KALORYCZNOŚĆ POTRAWY
77 kcal	420 g	325 kcal

Kurczak w musie brokułowo-migdałowym

KALORYCZNOŚĆ 100 G POTRAWY	WAGA POTRAWY	ŁĄCZNA KALORYCZNOŚĆ POTRAWY
128 kcal	265 g	340 kcal

Łosoś na parze z grillowanymi warzywami i purée z groszku

KALORYCZNOŚĆ 100 G POTRAWY	WAGA POTRAWY	ŁĄCZNA KALORYCZNOŚĆ POTRAWY
83 kcal	320 g	265 kcal

Pomidory faszerowane rzodkiewką, twarogiem i jogurtem

KALORYCZNOŚĆ 100 G POTRAWY	WAGA POTRAWY	ŁĄCZNA KALORYCZNOŚĆ POTRAWY
41 kcal	510 g	210 kcal

Pstrąg pieczony w jogurcie

KALORYCZNOŚĆ 100 G POTRAWY	WAGA POTRAWY	ŁĄCZNA KALORYCZNOŚĆ POTRAWY
130 kcal	460 g	600 kcal

Pstrąg w ziołach z warzywami gotowanymi na parze

KALORYCZNOŚĆ 100 G POTRAWY	WAGA POTRAWY	ŁĄCZNA KALORYCZNOŚĆ POTRAWY
104 kcal	505 g	525 kcal

Pstrąg zapiekany w pomidorach

KALORYCZNOŚĆ 100 G POTRAWY	WAGA POTRAWY	ŁĄCZNA KALORYCZNOŚĆ POTRAWY
105 kcal	305 g	320 kcal

Ryba po grecku

KALORYCZNOŚĆ 100 G POTRAWY	WAGA POTRAWY	ŁĄCZNA KALORYCZNOŚĆ POTRAWY
54 kcal	730 g	395 kcal

Sałatka z grillowanym kurczakiem

KALORYCZNOŚĆ 100 G POTRAWY	WAGA POTRAWY	ŁĄCZNA KALORYCZNOŚĆ POTRAWY
53 kcal	225 g	120 kcal

Sałatka z kurczaka z orzechami nerkowca, świeżym imbirem, miętą i bazylią

KALORYCZNOŚĆ 100 G POTRAWY	WAGA POTRAWY	ŁĄCZNA KALORYCZNOŚĆ POTRAWY
118 kcal	310 g	365 kcal

Sałatka z kurczakiem, sezamem i rukolą

KALORYCZNOŚĆ 100 G POTRAWY	WAGA POTRAWY	ŁĄCZNA KALORYCZNOŚĆ POTRAWY
76 kcal	245 g	185 kcal

Tatar z łososia z awokado i limonką

KALORYCZNOŚĆ 100 G POTRAWY	WAGA POTRAWY	ŁĄCZNA KALORYCZNOŚĆ POTRAWY
132 kcal	435 g	575 kcal

Desery

Brzoskwiniowa uczta

KALORYCZNOŚĆ 100 G POTRAWY	WAGA POTRAWY	ŁĄCZNA KALORYCZNOŚĆ POTRAWY
130 kcal	265 g	345 kcal

Chałwa

KALORYCZNOŚĆ 100 G POTRAWY	WAGA POTRAWY	ŁĄCZNA KALORYCZNOŚĆ POTRAWY
550 kcal	120 g	660 kcal

Jogurtowa panna cotta z musem malinowym

KALORYCZNOŚĆ 100 G POTRAWY	WAGA POTRAWY	ŁĄCZNA KALORYCZNOŚĆ POTRAWY
68 kcal	575 g	390 kcal

Kolorowe ptasie mleczko

KALORYCZNOŚĆ 100 G POTRAWY	WAGA POTRAWY	ŁĄCZNA KALORYCZNOŚĆ POTRAWY
80 kcal	760 g	610 kcal

Lody kawowe

KALORYCZNOŚĆ 100 G POTRAWY	WAGA POTRAWY	ŁĄCZNA KALORYCZNOŚĆ POTRAWY
63 kcal	230 g	145 kcal

Miodowy serek w gruszce

KALORYCZNOŚĆ 100 G POTRAWY	WAGA POTRAWY	ŁĄCZNA KALORYCZNOŚĆ POTRAWY
106 kcal	360 g	380 kcal

Naleśniki z wiśniami i pomarańczą

KALORYCZNOŚĆ 100 G POTRAWY	WAGA POTRAWY	ŁĄCZNA KALORYCZNOŚĆ POTRAWY
123 kcal	960 g	1180 kcal

Serek kokosowo-czekoladowy

KALORYCZNOŚĆ 100 G POTRAWY	WAGA POTRAWY	ŁĄCZNA KALORYCZNOŚĆ POTRAWY
183 kcal	175 g	320 kcal

Sernik pomarańczowo-waniliowy

KALORYCZNOŚĆ 100 G POTRAWY	WAGA POTRAWY	ŁĄCZNA KALORYCZNOŚĆ POTRAWY
135 kcal	1020 g	1380 kcal

Serowe tiramisu

KALORYCZNOŚĆ 100 G POTRAWY	WAGA POTRAWY	ŁĄCZNA KALORYCZNOŚĆ POTRAWY
133 kcal	195 g	260 kcal

Sorbet limonkowy z bazylią

KALORYCZNOŚĆ 100 G POTRAWY	WAGA POTRAWY	ŁĄCZNA KALORYCZNOŚĆ POTRAWY
80 kcal	350 g	280 kcal

Szarlotka

KALORYCZNOŚĆ 100 G POTRAWY	WAGA POTRAWY	ŁĄCZNA KALORYCZNOŚĆ POTRAWY
104 kcal	1540 g	1600 kcal

Pieczywo

Chleb orkiszowo-żytni wieloziarnisty

KALORYCZNOŚĆ 100 G POTRAWY	WAGA POTRAWY	ŁĄCZNA KALORYCZNOŚĆ POTRAWY
233 kcal	2260 g	5265 kcal

Kukurydziany chleb bez mąki

KALORYCZNOŚĆ 100 G POTRAWY	WAGA POTRAWY	ŁĄCZNA KALORYCZNOŚĆ POTRAWY
170 kcal	650 g	1105 kcal

Chleb z orzechami

KALORYCZNOŚĆ 100 G POTRAWY	WAGA POTRAWY	ŁĄCZNA KALORYCZNOŚĆ POTRAWY
270 kcal	660 g	1785 kcal

Chleb żytni na zakwasie

KALORYCZNOŚĆ 100 G POTRAWY	WAGA POTRAWY	ŁĄCZNA KALORYCZNOŚĆ POTRAWY
272 kcal	835 g	2275 kcal

Pikantne bułeczki orkiszowe z czarnuszką

KALORYCZNOŚĆ 100 G POTRAWY	WAGA POTRAWY	ŁĄCZNA KALORYCZNOŚĆ POTRAWY
173 kcal	880 g	1525 kcal

Pita ziołowo-paprykowa

KALORYCZNOŚĆ 100 G POTRAWY	WAGA POTRAWY	ŁĄCZNA KALORYCZNOŚĆ POTRAWY
242 kcal	415 g	1005 kcal

Chleb razowy na zakwasie

KALORYCZNOŚĆ 100 G POTRAWY	WAGA POTRAWY	ŁĄCZNA KALORYCZNOŚĆ POTRAWY
234 kcal	1430 g	3345 kcal

Świąteczne bułki śniadaniowe

KALORYCZNOŚĆ 100 G POTRAWY	WAGA POTRAWY	ŁĄCZNA KALORYCZNOŚĆ POTRAWY
262 kcal	785 g	2055 kcal

Chleb wieloziarnisty

KALORYCZNOŚĆ 100 G POTRAWY	WAGA POTRAWY	ŁĄCZNA KALORYCZNOŚĆ POTRAWY
270 kcal	1400 g	3775 kcal

Chleb z kminkiem i słonecznikiem

KALORYCZNOŚĆ 100 G POTRAWY	WAGA POTRAWY	ŁĄCZNA KALORYCZNOŚĆ POTRAWY
244 kcal	1330 g	3245 kcal

Być fit po świętach

Barszcz
wigilijny

KALORYCZNOŚĆ 100 G POTRAWY	WAGA POTRAWY	ŁĄCZNA KALORYCZNOŚĆ POTRAWY
20 kcal	2600 g	530 kcal

Gołąbki
wigilijne z kaszą i grzybami

KALORYCZNOŚĆ 100 G POTRAWY	WAGA POTRAWY	ŁĄCZNA KALORYCZNOŚĆ POTRAWY
70 kcal	2970 g	2080 kcal

Karp
z pistacjami i pomarańczowymi buraczkami

KALORYCZNOŚĆ 100 G POTRAWY	WAGA POTRAWY	ŁĄCZNA KALORYCZNOŚĆ POTRAWY
150 kcal	1625 g	2440 kcal

Muffiny
świąteczne

KALORYCZNOŚĆ 100 G POTRAWY	WAGA POTRAWY	ŁĄCZNA KALORYCZNOŚĆ POTRAWY
316 kcal	785 g	2485 kcal

Razowe
kluski z makiem

KALORYCZNOŚĆ 100 G POTRAWY	WAGA POTRAWY	ŁĄCZNA KALORYCZNOŚĆ POTRAWY
192 kcal	1560 g	2990 kcal

Pasztet
drobiowy z kaszą jaglaną i żurawiną

KALORYCZNOŚĆ 100 G POTRAWY	WAGA POTRAWY	ŁĄCZNA KALORYCZNOŚĆ POTRAWY
95 kcal	2800 g	2670 kcal

Świąteczne
pierogi z dynią, migdałami i cynamonem

KALORYCZNOŚĆ 100 G POTRAWY	WAGA POTRAWY	ŁĄCZNA KALORYCZNOŚĆ POTRAWY
178 kcal	1870 g	3335 kcal

Ryba
po grecku z rodzynkami i pieczarkami

KALORYCZNOŚĆ 100 G POTRAWY	WAGA POTRAWY	ŁĄCZNA KALORYCZNOŚĆ POTRAWY
50 kcal	2100 g	1040 kcal

Racuchy
z jabłkami

KALORYCZNOŚĆ 100 G POTRAWY	WAGA POTRAWY	ŁĄCZNA KALORYCZNOŚĆ POTRAWY
147 kcal	660 g	970 kcal

Sałatka
jarzynowa

KALORYCZNOŚĆ 100 G POTRAWY	WAGA POTRAWY	ŁĄCZNA KALORYCZNOŚĆ POTRAWY
63 kcal	1210 g	760 kcal

Tymbaliki
rybne

KALORYCZNOŚĆ 100 G POTRAWY	WAGA POTRAWY	ŁĄCZNA KALORYCZNOŚĆ POTRAWY
80 kcal	2665 g	2140 kcal

Wigilijny
kompot z suszu

KALORYCZNOŚĆ 100 G POTRAWY	WAGA POTRAWY	ŁĄCZNA KALORYCZNOŚĆ POTRAWY
40 kcal	2850 g	1150 kcal

Bakaliowa rolada cielęca

KALORYCZNOŚĆ 100 G POTRAWY	WAGA POTRAWY	ŁĄCZNA KALORYCZNOŚĆ POTRAWY
132 kcal	1895 g	2500 kcal

Pasztet z zielonej soczewicy

KALORYCZNOŚĆ 100 G POTRAWY	WAGA POTRAWY	ŁĄCZNA KALORYCZNOŚĆ POTRAWY
120 kcal	2250 g	2710 kcal

Pierogi z serem i świeżym szpinakiem

KALORYCZNOŚĆ 100 G POTRAWY	WAGA POTRAWY	ŁĄCZNA KALORYCZNOŚĆ POTRAWY
122 kcal	1230 g	1495 kcal

Jajka faszerowane pieczarkami z pieprzem cayenne

KALORYCZNOŚĆ 100 G POTRAWY	WAGA POTRAWY	ŁĄCZNA KALORYCZNOŚĆ POTRAWY
95 kcal	435 g	415 kcal

Sernik na zimno

KALORYCZNOŚĆ 100 G POTRAWY	WAGA POTRAWY	ŁĄCZNA KALORYCZNOŚĆ POTRAWY
110 kcal	1315 g	1445 kcal

Pulpeciki z indyka i szpinaku z sosem koperkowo-jogurtowym

KALORYCZNOŚĆ 100 G POTRAWY	WAGA POTRAWY	ŁĄCZNA KALORYCZNOŚĆ POTRAWY
90 kcal	900 g	815 kcal

Barszcz
biały ze świeżym chrzanem

KALORYCZNOŚĆ 100 G POTRAWY	WAGA POTRAWY	ŁĄCZNA KALORYCZNOŚĆ POTRAWY
36 kcal	1670 g	605 kcal

Sałatka
ze słodkim winegretem, jajkiem i łososiem

KALORYCZNOŚĆ 100 G POTRAWY	WAGA POTRAWY	ŁĄCZNA KALORYCZNOŚĆ POTRAWY
120 kcal	550 g	660 kcal

Święconka
wielkanocna

KALORYCZNOŚĆ 100 G POTRAWY	WAGA POTRAWY	ŁĄCZNA KALORYCZNOŚĆ POTRAWY
177 kcal	110 g	195 kcal

Tatar
wołowy

KALORYCZNOŚĆ 100 G POTRAWY	WAGA POTRAWY	ŁĄCZNA KALORYCZNOŚĆ POTRAWY
175 kcal	180 g	315 kcal

Tymbaliki
z jajem

KALORYCZNOŚĆ 100 G POTRAWY	WAGA POTRAWY	ŁĄCZNA KALORYCZNOŚĆ POTRAWY
62 kcal	2120 g	1305 kcal

Wędzone
roladki z kurczaka

KALORYCZNOŚĆ 100 G POTRAWY	WAGA POTRAWY	ŁĄCZNA KALORYCZNOŚĆ POTRAWY
124 kcal	1015 g	1260 kcal

KUCHNIA

Niezwykłe przemiany

Anna Dąbrowska

-81 kg

Wyrwałam się z zaklętego kręgu

Mam kilka ciuchów, które zawsze będą przypominać mi, jak kiedyś wyglądałam, i nigdy ich nie wyrzucę. Trzymam je jako światło ostrzegawcze przypominające mi, żebym nigdy nie doprowadziła się do stanu, w jakim byłam.

Anna Dąbrowska

-81 kg

Trzydzieści lat prób odchudzania doprowadziło mnie do fatalnego stanu. Próbowałam sama różnych diet, z których nic nie wynikało. W końcu ważyłam 150 kg. Te kilogramy narastały przez lata, najwięcej przybyło mi w ciągu ostatnich 8–10 lat. Teraz wiem, że powodem były objadanie się i brak ruchu. To koło zamknięte. Jak się tyje, to się nie chce ruszać, jak się nie chce ruszać, to znowu się je, żeby zajeść ten problem. I tak bez końca. Człowiek trafia do zaklętego wiru, z którego nie może się wydostać. To jest okropne. Niby ma się świadomość, że staje się coraz grubszym, ale przed sobą samym stara się to jakoś wytłumaczyć. Co z tego, że dostaje sygnały ostrzegawcze, takie jak ubrania, które stają się zbyt małe. To nic nie daje. Po prostu idzie się do sklepu i kupuje nowe, tylko troszeczkę większe. Później sytuacja się powtarza, znowu kupuje się trochę większe. W przypadku otyłości pojawia się wiele takich sygnałów ostrzegawczych, mówiących: „zmień się". Ale najłatwiej je ignorować. No bo co z tego, że nie można włożyć już butów sznurowanych, skoro zawsze można wybrać wsuwane. Człowiek ciągle się oszukuje i znajduje niewłaściwe rozwiązania problemów. Tkwi w zaklętym kręgu.

Samo odchudzanie nie było to dla mnie jakimś specjalnym wyzwaniem, ale dopadły mnie problemy ze zdrowiem i pomyślałam: „A czemu by się wreszcie nie odchudzić?". Oglądałam wtedy w telewizji program o panu Konradzie. Razem z nim występowali też liderzy odchudzania, ludzie, którzy wcześniej sami schudli i niesamowicie się zmienili. Patrzyłam na nich z podziwem. I szybko zdecydowałam, że muszę działać. Kiedy wyzdrowiałam, zadzwoniłam do Lublina. I tak się zaczęło.

Sama się sobie dziwię, ale w trakcie odchudzania nic nie sprawiało mi problemu – przeszło bardzo szybko i fajnie. Po prostu bycie na diecie i treningi potraktowałam jako część mojego życia. Przez cały proces mogłam liczyć na pomoc Ani Całki, eksperta Gaca System, która wcześniej sama współpracując z panem Konradem, zredukowała wagę o 82 kg i od 6 lat formę utrzymuje. To dodatkowo mnie zmotywowało.

W czasie odchudzania normalnie funkcjonowałam, bez żadnych poświęceń i cierpień. Dalej piekłam ciasta, bo sprawiało mi to bardzo dużą przyjemność, ale dla innych, sama ich nie jadłam. Trzymanie się zasad programu było silniejsze ode mnie. Wiedziałam, co jest dla mnie ważne i dobre. Uważam, że w życiu wszystko zależy od głowy – jeśli w niej sobie odpowiednio poukładamy, to później wszystko idzie jak trzeba. Odchudzanie było dla mnie proste i oczywiste. W domu miałam swoje posiłki, a pozostali domownicy jedli coś innego. Na diecie przeżyłam aż trzy święta. Pierwszym była wieczerza wigilijna, bo zaczęłam się odchudzać 10 września 2012 r. Na przełomie grudnia i stycznia ważyłam już prawie 30 kg mniej. To było coś fantastycznego. Wtedy ktoś mi w pracy powiedział: „wiesz co, ty chyba fryzurę zmieniłaś". Widzieli mnie codziennie, docierało do nich, że jakoś się zmieniam, ale początkowo nie rozumieli, co się dzieje. A kiedy schudłam 60 kg, pojechałam w odwiedziny do dalszej rodziny i... mnie nie poznali.

Schudłam 81 kg i z całą pewnością mogę powiedzieć, że dzięki temu ubyło mi lat i przybyło energii. Teraz mam ochotę na robienie wielu rzeczy. Pójść gdzieś czy pojechać to dla mnie sama przyjemność, a kiedyś za nic by mi się nie chciało. Nie byłam aktywna, a teraz uwielbiam się ruszać. Jeżdżę na rowerze, maszeruję z kijkami... To moja ukochana forma aktywności. Od wiosny do jesieni regularnie spaceruję. Chętnie też próbuję innych form ruchu, nie wstydzę się wyjść i ćwiczyć, na przykład na siłowni na powietrzu.

Kolejna moja miłość to podróże. W zasadzie zawsze je lubiłam, ale wcześniej bywało różnie ze zwiedzaniem. Teraz po prostu wsiadam w samochód i jadę, gdzie chcę. Lubię podróżować po Polsce. Wszędzie podejdę, zobaczę, a nie tak jak dawniej, kiedy na wszystko brakowało siły i ochoty, kiedy przegrywałam z lenistwem. Marzą mi się także dalsze wyprawy. Chciałabym wyruszyć na południową półkulę, a przede wszystkim zobaczyć Australię – marzę o niej od lat. Może wkrótce uda mi się tam dotrzeć?

Po schudnięciu nie tylko ubyło mi lat, ale zmieniło się także wiele innych spraw w moim życiu. Komuś może wydać się to drobiazgiem, ale dla mnie, kobiety, to bardzo ważne. Wreszcie mogę kupować fajne ubrania. Po prostu wchodzę do sklepu i nikt nie patrzy na mnie jak na dziwadło, które szuka numeru 62. Teraz zakładam 40. To bardzo przyjemne.

Iza Szklarska

-25 kg

Odkryłam na nowo swoją kobiecość

Nie startowałam z tak wysokiej wagi jak niektórzy „Gacowicze". Miałam do zrzucenia jakieś 20 kg, bo tyle sobie wymarzyłam. Ale pozbycie się tych kilogramów było dla mnie ogromnym problemem.

SOMETIMES OR OFTEN
CUTE
Convincing
SOMETIMES OR OFTEN

Iza Szklarska

-25 kg

Przez trzydzieści lat próbowałam się skutecznie odchudzić. Można powiedzieć, że byłam „pultaskiem" od dziecka. Wprawdzie nikt nigdy grubasem mnie nie przezywał, ale od małego byłam duża. Zawsze potrafiłam się ubrać, umalować i zadbać o siebie, ale te kilogramy cały czas bardzo mi przeszkadzały. Stosowałam przeróżne diety, w zasadzie co sezon inną, wciąż więc byłam na jakiejś diecie. Szukałam systemu dla siebie, który pozwoliłby mi odchudzić się zdrowo i skutecznie. Próbowałam wszystkiego; można nawet powiedzieć, że stałam się ekspertem od diet. Przerobiłam i te głupie z internetu, i te wydawałoby się mądre, realizowane pod okiem dietetyka. Niestety, efekt był jeden – z każdym rokiem kilogramów do zrzucenia było coraz więcej. Doszło do tego, że jedzenie stało się centrum mojego życia. Albo byłam na bardzo ścisłej diecie, albo nie wytrzymywałam i „hulaj dusza, piekła nie ma". Po jakimś czasie znowu przychodziła wielka mobilizacja i kolejna dieta. Jedzenie przestało być dla mnie przyjemnością, bo nawet jak sobie pofolgowałam, to miałam wyrzuty sumienia. Postanowiłam, że muszę coś zmienić, bo inaczej nie wytrzymam psychicznie.

W tym samym czasie „leciał" w telewizji program „Fat Killers. Zabójcy tłuszczu". To właśnie z niego dowiedziałam się o panu Konradzie Gacy. Trafiłam na jakieś rozpiski jego diety w internecie, które początkowo bardzo mnie zniechęciły, dopiero później przekonałam się, że nie odpowiadają one prawdzie. Wysłuchałam wykładu pana Konrada w internecie. Wtedy nie byłam jeszcze na 100 procent zdecydowana, czy zacznę korzystać z programu. Pomyślałam sobie, że sama spróbuję, bo przecież mam ogromną wiedzę, skoro odchudzam się całe życie. Założyłam dziennik i w nim zapisałam, że schudnę 20 kg w 20 tygodni i dopisałam: „To jest wykonalne!" z wielkim wykrzyknikiem.

Po pierwszym miesiącu schudłam tylko 2,5 kg. To nie był wynik, który mnie zadowalał. W tym samym czasie pan Konrad miał wykład w Warszawie. Wtedy pomyślałam: „Zrobię coś dla siebie. Pojadę do Warszawy wysłuchać go na żywo". Pojechałam z siostrą. I to był przełom w moim życiu. Do dzisiaj mam łzy w oczach, jak o tym myślę.

Na wykładzie słuchałam osób, które płacząc, opowiadały o swoich przemianach. Niemal płakałam razem z nimi. W pewnym momencie zrozumiałam, że też chcę móc wejść na scenę i razem z nimi dziękować panu Konradowi. Najbardziej zapamiętałam jedną z pań, która powiedziała: „Nie czekajcie, aż będziecie mieli do zgubienia 50, 60 czy 100 kg". Radziła osobom, które mają 20 kg nadwagi, aby szybko zabrały się do pracy, bo ta nadwaga będzie się tylko powiększała. Poczułam, jakby ona mówiła to wprost do mnie. I wtedy powiedziałam sobie: „Czas zacząć", a do siostry: „Jak w ciągu miesiąca sama nie schudnę 4 kg, to wejdę w program pana Konrada". A ona: „Wiesz co Iza, ty już tyle lat próbujesz i nic z tego nie wychodzi. Spróbuj od razu i nie czekaj". Tymi słowami dała mi wielkiego kopa do działania, za co jej bardzo dziękuję.

To był moment, w którym ruszyła lawina. Wiedziałam, że w czasie odchudzania można wybrać sobie eksperta, z którym będzie się współpracować. Postanowiłam więc poszukać kogoś, kto będzie mi odpowiadać. W pewnym momencie siostra mnie szturchnęła i mówi: „Patrz! Ta pani ma fryzurę podobną do twojej – będziecie się dobrze dogadywać!". To była pani Edyta Gąska. Ona właśnie stała się moim osobistym aniołem stróżem odchudzania. Kiedy wtedy na nią spojrzałam, pomyślałam sobie: „Jaka piękna kobieta, zgrabna i filigranowa". Po wykładzie podeszłam do niej, zaczęłyśmy rozmawiać i w pewnej chwili zapytałam: „Pani to chyba nigdy nie miała problemów z wagą?", a ona mi mówi, że sama schudła ponad 20 kg pod opieką Konrada Gacy. Jak to usłyszałam, opuściły mnie wszelkie wątpliwości. Po powrocie do domu wyszukałam w internecie stare zdjęcia pani Edyty. Ne mogłam uwierzyć, że to ta sama osoba. Jej metamorfoza dodawała mi sił w pierwszych tygodniach odchudzania.

Na początku, gdy zobaczyłam wielkość porcji, pomyślałam: „O cholera! Nie wytrzymam!". Na szczęście nie było tak źle. Pomogło mi też to, że bardzo szybko się zważyłam. Dietę zaczęłam w piątek rano, zważyłam się, a pod koniec dnia znowu stanęłam na wadzie i miałam już kilogram mniej.

Muszę powiedzieć, że miałam ogromne wsparcie ze strony rodziny. Mój partner dał mi taką bardzo fajną radę: „Wiesz co, Iza, ty się zaangażuj w to na sto procent! Niech to się stanie sensem twojego życia!". Ja wtedy zamknęłam oczy, wzięłam głęboki wdech i wskoczyłam w to odchudzanie. Nagle świat wywrócił mi się do góry nogami. Zaczęłam mieć inne zainteresowania. Pierwsze dni minęły mi na oglądaniu zdjęć pani Edyty i na przekopywaniu się przez bazę wiedzy na portalu. W czasie treningów oglądałem wykłady Konrada Gacy na YouTube. Nieważne, czy to był wykład ze stycznia czy ze świąt wielkanocnych, oglądałam wszystko, co mogłam, byleby móc go słuchać. Pamiętam, że pod koniec wykładu zawsze mówił: „Trzymam za was wszystkich kciuki", i wtedy myślałam, że za mnie też te kciuki trzyma i że dam radę. Później już samo poleciało.

Iza Szklarska

-25 kg

Po pierwszym tygodniu osiągnęłam fantastyczny wynik. Wtedy poszłam na imprezę rodzinną, a kiedy weszłam do pokoju, nastała cisza. Tak bardzo się zmieniłam, że nagle wszyscy zaczęli się zastanawiać, co się ze mną stało. To była też pierwsza impreza, na którą poszłam ze swoim pudełkiem jedzenia i colą bez cukru.

Po pierwszym miesiącu zrobiłam sobie zdjęcie i wysłałam do przyjaciela z Wrocławia. Krzysztof, mimo że znamy się ponad 7 lat, nigdy mnie tak szczupłej nie widział. Zdecydował, że on też zacznie się odchudzać u pana Konrada. Ta jego decyzja bardzo mi pomogła. Świadomość tego, że jest osoba, która przechodzi dokładnie przez to co ja i ma te same problemy, dodawała mi sił. Wspieraliśmy się w trudnych chwilach, świętowaliśmy swoje dietetyczne sukcesy i we dwójkę daliśmy radę!

Wielką pomocą były także warsztaty z psychologami. Pomogły mi zrozumieć, dlaczego wcześniej doszłam do tak dużej wagi i co zrobić, aby po odchudzeniu nie przytyć. W moim przypadku jedzenie było sposobem na stres i na wykładach nauczyłam się, jak zapanować nad tym problemem.

Bycie na diecie nie zawsze było łatwe. Szczególnie ciężko było, kiedy dotarło do mnie, że dieta potrwa przez wakacje. Potrzebowałam kilku dni, by pogodzić się z tą myślą, ale gdy to przetrawiłam, znowu poczułam energię i chęć do działania.

Pamiętam, że na pierwszym wykładzie w Warszawie, kiedy ludzie opowiadali o zmianach w swoim życiu, ja tak po cichu myślałam: „Spokojnie, moje życie aż tak się nie zmieni. Mam fajną rodzinę, partnera, dom, pracę, przyjaciół – w moim życiu nie będzie aż takiej rewolucji. Po prostu schudnę i poczuję się lepiej". No i tu się myliłam. Nie przypuszczałam, że utrata kilogramów będzie skutkowała takim wzrostem pewności siebie i asertywności. Poradziłam sobie z problemem, z którym borykałam się przez całe dotychczasowe życie, i nagle przede mną otworzył się świat. Teraz mogę wszystko! Zaczęłam stawiać własne potrzeby na pierwszym miejscu, podczas gdy wcześniej robiłam to, co wypada, co pasuje komuś innemu, ale nie mnie. Teraz ja jestem dla siebie najważniejsza. Nie chcę, żeby to zabrzmiało samolubnie. Inne osoby też są dla mnie ważne, więcej, one są teraz nawet ważniejsze niż były wcześniej, bo w czasie realizacji procesu odchudzania dostrzegłam, jak wspaniale wspierali mnie, i to na każdym kroku.

Gdyby mi teraz ktoś powiedział, że mam jeszcze raz do przebycia całą drogę związaną z odchudzaniem, to bardzo bym się cieszyła, bo to jest fantastyczna podróż. Tak jak mówił pan Konrad, to nie była żadna kara, to była wspaniała przygoda, w czasie której wiele się nauczyłam i jeszcze więcej zrozumiałam. Było tak miło obserwować, że się zmieniam z dnia na dzień. Odkryłam na nowo swoją kobiecość. Wcześniej miałam taki drapieżny styl: postrzępiona fryzura, mocne kolory i ciemny makijaż. Teraz bardzo złagodniałam. Podobają mi się barwy pastelowe i zaczęłam zapuszczać włosy, chociaż przez lata nosiłam krótkie fryzury. Wszyscy ciągle mówili mi, że nawet jak schudnę 5–10 kg, to zawsze będę „duża", bo mam taką budowę. A ja marzyłam, żeby być filigranową kobietą. Teraz taka jestem! I mogę na przykład nosić spodnie rurki, o czym przez lata nie było mowy, bo wyglądałam w nich okropnie. Ale to już przeszłość...

Warto było przejść przez to wszystko. Kiedyś powiedziałam do pani Edyty, że ona i pan Konrad są matką i ojcem mojego sukcesu, bo pomogli mi spełnić największe marzenie mojego życia.

Potem przyszło kolejne marzenie: chciałam wystąpić na zawodach sylwetkowych fitness. I ono również się spełniło, bo wiem, jak wiele można osiągnąć, pracując nad swoim ciałem.

Grand Prix Fitness 2014
I miejsce w kategorii Fitness Model powyżej 167 cm i III miejsce w kategorii Fitness Figure

Janina Bielec

-15 kg

Mam energię 16-latki

Kiedy miałam 69 lat, straciłam męża, z którym przeżyłam ponad 40 lat. To był dla mnie niesamowity cios. Zupełnie się załamałam. Jeśli gdzieś wychodziłam, to tylko na cmentarz, a jedyną pociechę znajdowałam w zjedzeniu czegoś dobrego.

Janina Bielec

-15 kg

To było jak nałóg. Jedzenie traktowałam jak pijak wódkę. Jadłam dotąd, aż nie mogłam więcej zmieścić. Przy wzroście 154 cm ważyłam ponad 60 kg i ciągle tyłam. Wcześniej nigdy nie byłam taka gruba. Zaczęło dziać się ze mną coś fatalnego.

Najpierw próbowałam sama sobie radzić. Mieszkam na siódmym piętrze, więc uznałam, że schudnę, jak nie będę korzystać z windy, tylko z klatki schodowej. Nic jednak z tego nie wyszło. Kupowałam wszystkie suplementy na odchudzanie, jakie pojawiały się w telewizji. Ileż pieniędzy na nie wydałam! Ale nic mi to nie dało. W końcu zdecydowałam się pójść do GACA CENTRUM.

Regularnie czytałam stronę Konrada Gacy w Kurierze Lubelskim. W jednym z wydań zobaczyłam panią w moim wieku. Wcześniej uważałam, że odchudzanie jest przeznaczone tylko dla młodych. W artykule przeczytałam, że można schudnąć w każdym wieku. Pomyślałam: „A co tam, spróbuję". Poszłam na wykład, wysłuchałam i nie mogłam uwierzyć. Byli tam ludzie, którzy przeszli cudowne przemiany i o nich opowiadali. Byłam oczarowana i postanowiłam zacząć pracować nad sobą.

Co dwa tygodnie stawałam na wagę. Byłam coraz lżejsza. Schudłam 15 kg. Udało mi się stracić kilogramy i zapanować nad obżarstwem.

Minęły już trzy lata, a ja cały czas utrzymuję zdrową wagę. Jestem szczupła. Znajomi mówią mi, że z daleka wyglądam jak harcerka. To bardzo miłe. Zmieniłam też kolor włosów – przefarbowałam siwe na blond. Dobrze się czuję z takim wyglądem. Zresztą zmian zaszło we mnie dużo więcej.

Jestem zdrowa. Dzięki ćwiczeniom – 2–3 razy w tygodniu chodzę na trening – ustąpiły moje problemy z kręgosłupem. Nie muszę już chodzić po ortopedach i innych specjalistach. Latam jak 16-latka. Mam normalne ciśnienie i cholesterol. Wszystko się unormowało i jest na plusie.

Ale najważniejsza zmiana zaszła we mnie. Znowu jestem zadowolona z życia. Mogę normalnie spać. Przed odchudzaniem musiałam brać góry tabletek na sen, a teraz przykładam głowę do poduszki i zasypiam. W dzień rozpiera mnie energia, której istnienia w sobie w ogóle nie przeczuwałam. Treningi dodatkowo nakręcają mnie pozytywnie. Robię w domu wszystko, co potrzeba, a przedtem byłam jak taka klucha, nic mi się nie chciało, tylko siedziałam, patrzyłam w sufit i ciągle się obżerałam. Byłam jednym wielkim nieszczęściem. Teraz weszłam na inne obroty. Cały czas coś robię. Chce mi się wychodzić z domu, odwiedzać różne miejsca. W lecie jeździłam nad Zalew Zemborzycki opalać się, bo gdzie by mi się tam chciało chodzić do solarium. Wolę pobyć na świeżym powietrzu. Ostatnio też byłam w Nałęczowie. Zmieniłam podejście do świata i cieszę się tym, co ma do zaoferowania.

Nie znajduję słów wdzięczności dla Konrada Gacy za przemianę, jaką przeszłam w ciągu ostatnich kilku lat. Dzięki niemu zyskałam nowe życie. Stałam się inna, lepsza. Kto tego nie doświadczył, temu trudno uwierzyć, jak potrafi wspaniale nas zmienić. Gdybym nie trafiła do pana Konrada, to pewnie byłabym już strasznie gruba albo w ogóle by mnie nie było.

Staram się pamiętać o tym, czego nauczyłam się w czasie odchudzania. To była niesamowita dieta, bo w jej trakcie nigdy nie chodziłam głodna. Może tylko na początku było trochę ciężko przyzwyczaić się do nowych smaków, ale to wynikało z tego, że my, Polacy, lubimy wszystko słodzić i solić, aż do przesady. Teraz nie używam cukru ani soli, a za to ciągle trzymam wagę.

Nie zrezygnowałam też z ćwiczeń. Dostaję rozpiskę treningową przystosowaną do mojego wieku. Wszystko odbywa się spokojnie, a daje niesamowite wyniki. Poza tym uwielbiam chodzić do Centrum. Kiedy czasem z jakiegoś powodu nie mogę pójść na trening, to czuję się tak, jakbym straciła dzień. Można powiedzieć, że uzależniłam się od ćwiczeń. Poza tym mam w Centrum grono znajomych, z którymi trzymam się razem.

Chciałabym namówić wszystkich do skorzystania z pomocy pana Konrada. Na ulicach widzę coraz więcej otyłych młodych dziewczyn. Niszczą sobie życie. No i wiem, jak fatalnie muszą się czuć. Chciałabym, żeby im też udało się zapanować nad swoją otyłością.

Jarosław Juć

-85 kg

Nie mogłem nawet się umyć

Mam 35 lat, a jeszcze nie tak dawno temu ważyłem aż 175 kg. Skala na mojej domowej wadze zaczynała się kończyć, a ja czułem się fatalnie.

MOGĘ
WSZYSTKO!
"BEZ GRANIC"
174

Jarosław Juć

-85 kg

Nie zawsze byłem osobą otyłą. Kiedyś uwielbiałem ruch. Lubiłem biegać, ćwiczyłem taekwondo, dużo pływałem. Kiedy miałem 18 lat, zacząłem pracować i przestałem być aż tak aktywny. Później dochodziły kolejne obowiązki, a moja aktywność sportowa jeszcze bardziej malała.

Trzy lata później pracowałem w Lublinie w firmie ochroniarskiej. W pracy mieliśmy taką wagę do towarów. Kiedy stanąłem na niej, wybiło 105 kg. To był dramat, kilka lat wcześniej ważyłem 74 kg, a tu taka zmiana. Ten wynik zrobił na mnie straszne wrażenie, byłem zszokowany tym, do jakiego stanu się doprowadziłem. Niestety, nic więcej wtedy z tego szoku, przerażenia nie wynikło. Pracowałem, miałem pieniądze i mogłem jeść to, na co miałem ochotę. Kupowałem pół kurczaka z rusztu ze skórą, ociekającego tłuszczem i jadłem całość. Do tego dochodziły jeszcze bułki i inne dodatki.

Do GACA CENTRUM trafiłem po obejrzeniu programu „Fat Killers. Zabójcy tłuszczu", w którym występował między innymi Marek Klimek. Gdyby nie on, to nie wiem, czy zdecydowałbym się tutaj przyjechać. Już wcześniej znajomi w Lubartowie mówili mi: „Ty już ważysz za dużo, zrób coś z tym: idź na dietę albo pojedź do Gacy". To niewiele dawało. Dopiero jak zobaczyłem jeden z odcinków, w którym Marek z trudem nakłada skarpety, poczułem się jakbym zobaczył samego siebie. Niedużo mi brakowało.

Nie ma się czym chwalić, ale nie mogłem się umyć pod prysznicem, bo nie wszędzie sięgałem. Gdyby żona mi nie pomagała, to chodziłbym brudny. Ze skarpetami też miałem problem. Żeby je nałożyć, musiałem mieć dużo miejsca albo rozsiąść się na podłodze.

Kiedy zobaczyłem program, powiedziałem do żony:

– Wiesz co? W poniedziałek jadę na wykład, zobaczę, posłucham, jak mi się nie spodoba, to się nie zapiszę i wrócę.

Nic mnie to nie kosztowało. Na szczęście zostałem i się zapisałem.

Teraz wchodzę do sklepu z ubraniami i wreszcie nie muszę kupować największych rozmiarów. Wprawdzie z przyzwyczajenia sięgam po największe, ale stwierdzam, że są za duże. Po ubrania jeździłem do specjalnych sklepów i w największej swojej wadze nosiłem rozmiar 6XL. Obecnie świetnie leżą na mnie ciuchy w rozmiarze L.

Zmian w moim życiu zaszło naprawdę wiele. Moi synowie, którzy mają teraz 7 i 9 lat, zaczęli się częściej do mnie przytulać. Mówią szczęśliwi: „tata, ale ty schudłeś". To jest bardzo miłe uczucie: słyszeć to i widzieć, jak oni cieszą się moją zmianą. Mam nadzieję, że dla 12-letniej córki mój przykład będzie inspiracją do dbania o siebie w przyszłości.

Kiedy zaczynałem odchudzanie, żona początkowo była nieco sceptyczna. Później była zadziwiona, bo przez pierwsze 3 miesiące udało mi się zrzucić 50 kg, aż w końcu zaczęła patrzeć na to inaczej. Sama się zapisała do programu i schudła 20 kg. Można powiedzieć, że po tym, jak schudliśmy, coś w naszych organizmach się odblokowało i teraz spodziewamy się czwartego dziecka. Zaczyna się robić coraz fajniej i będzie nas sześcioro w rodzinie.

Znajomi do tej pory nie dowierzają. Jestem nierozpoznawalny. Przychodzą starzy klienci, patrzą na mnie i mówią: „O, jacyś nowi pracownicy, a ten pan grubszy to jest?". Muszę im tłumaczyć, że ten kiedyś grubszy to teraz wygląda tak.

Pamiętam, jak kiedyś pojechałem zawieźć fakturę mojej klientce. Nie poznała mnie, musiałem jej pokazać dowód osobisty. Nie widziała mnie przez 4 miesiące, a ja w tym czasie straciłem 60 kg.

Fantastyczne jest stałe tempo, w jakim gubiłem kilogramy. Pamiętam, jak rozmawiałem kiedyś z panem Konradem i powiedziałem, że chciałbym schudnąć tyle, aby na sylwestra zmieścić się w garnitur ślubny. Miałem dwa garnitury, z cywilnego i kościelnego. Ten drugi ślub był później, to i garnitur miałem już wtedy większy. Do końca roku 2013 schudłem tyle, że nawet garnitur z cywilnego był na mnie za duży. Więc na sylwestra poszedłem w trochę zbyt luźnym garniturze, ale było super. Wreszcie poczułem się swobodniej, mogłem potańczyć.

Staram się żyć coraz aktywniej. Przez 16 lat nie biegałem ani nie jeździłem rowerem. Swojego nie miałem, a na cudzy bałem się wsiadać, żeby go nie popsuć. Jak się waży ponad 150 kg, to różne rzeczy mogą się zdarzyć. Teraz żyję inaczej. Zacząłem biegać. Pobiegłem na 10 km, to był bieg charytatywny. Całe miasto solidarnie zbiera na operację małej dziewczynki, żeby ona również mogła kiedyś biegać. Zgłosiłem się też do pierwszego lubartowskiego półmaratonu „Bez granic" i przebiegłem 21 km, kwitując tym samym rok walki z otyłością.

Cały czas ćwiczę, aktywnie spędzam wolny czas. Lubię spacery z dzieciakami. Ostatnio przeszliśmy razem 10 km. Wzięliśmy jabłka, picie i zrobiliśmy sobie mini-piknik. Staram się zachęcić rodzinę do aktywności i dbania o siebie. Niech mój przykład będzie dla nich zachętą, że warto być w formie.

Sylwia Książek

Rodzinne odchudzanie działa

-24 kg

Cała garderoba poszła do wymiany

Od początku nie ukrywałam, że moją główną motywacją, aby zgłosić się do pana Konrada, był Kacper. Chciałam mu pomóc, bo widziałam, jak się męczy sam ze sobą i jakie przykrości spotykają go w szkole. Na drugim miejscu był mój mąż Paweł, któremu otyłość coraz bardziej utrudniała życie. Skarżył się też na bóle stawów. O sobie myślałam gdzieś tam na końcu. Ale kiedy usłyszałam, że Konrad Gaca szuka rodziny, której chce pomóc w odchudzaniu, długo się nie zastanawiałam i od razu wysłałam do niego długi list.

Sylwia Książek

-24 kg

Rodzinne odchudzanie działa

Napisałam o nas, naszych problemach, także o swojej bezradności, że nie jestem w stanie pomóc własnemu dziecku w opanowaniu chęci wiecznego jedzenia, i o foliach po parówkach, jakie znajduję w pokoju Kacpra. Pan Konrad był naszą nadzieją. Wcześniej nieraz próbowałam odchudzić siebie i rodzinę, ale teraz wiem, że robiłam to źle. Co z tego, że była jakaś dieta, skoro w ogóle nie było treningów. Takie coś nie mogło się udać.

Kiedy zostaliśmy wybrani, nie mogłam uwierzyć w swoje szczęście. Pierwsze zwątpienie pojawiło się w chwili, kiedy dowiedziałam się, że proces może potrwać około pół roku. Teraz, po kilku miesiącach, nie wiem, jak ten czas mógł tak szybko minąć. Wiem za to, że wszyscy wyglądamy super. Nie mogę uwierzyć, że nastąpiło to tak błyskawicznie.

To była niesamowita przygoda. Cały czas coś się działo – a to jedzenie trzeba było przygotować, a to pojechać na trening, do tego dochodziły sprawy dnia codziennego i nie było czasu na analizowanie czy myślenie o rzeczach mniej ważnych.

Na początku procesu odchudzania powiedziałam, że marzy mi się wyjście w bikini na plażę w Sopocie. Nie zdążyliśmy jeszcze pojechać nad morze, ale miałam już kilka okazji zaprezentować swoją sylwetkę w bikini nad wodą w okolicy Pruszkowa. Wyjazd nad morze zostawiamy sobie na przyszły rok, jak wszyscy skończymy wyprowadzanie z diety.

Mąż był na diecie bardzo twardy, na nic się nie uskarżał, nie wzdychał za słodkościami. Ale najbardziej mnie cieszy, że Kacper nie ma już w gimnazjum żadnych problemów w relacjach z rówieśnikami. Właśnie obchodził urodziny, na które przyszli nie tylko koledzy, były też koleżanki. Teraz, jak się tak „wyłaszczył" i wszyscy mówią mu, jaki jest fajny i przystojny, to pewnie niebawem zacznie się dla niego zupełnie nowe życie.

Zmian w naszym życiu jest więcej. W sierpniu poszłam do pracy w sklepie, bo kocham handel i lubię mieć kontakt z ludźmi. Oprócz tego nadal robię torty i inne wypieki, bo po prostu lubię to robić. Nie sądzę, żeby to stanowiło zagrożenie dla mojej formy. Torty to taka moja miłość.

Po artykułach w gazetach o nas i udziale w programach telewizyjnych wiele dziewczyn zaczęło do mnie pisać, a na Facebooku doszło mi masę znajomych, których tak naprawdę nie znam. Wcześniej nie przyjmowałam do grona znajomych osób, których nie kojarzę, ale odkąd zaczęłam współpracę z panem Konradem, mówię: „No, nie mogę nie przyjąć zaproszenia". Wychodziłam z założenia, że w tym gronie są osoby, z którymi mogę zamienić kilka zdań na różnych spotkaniach albo w GACA CENTRUM. Bywały dni, że dostawałam po 30 wiadomości. Jedni gratulowali, kobiety pytały o determinację i motywację, jeszcze inni chcieli wiedzieć, jaka jest ta dieta i ile kosztuje. Bardzo dużo dziewczyn zdecydowało się pójść w nasze ślady i zaczęło się odchudzać. Utrzymuję z nimi kontakt, wiem, że pracują nad sobą. Fajnie być inspiracją dla kogoś, tym bardziej że kiedyś sama byłam gruba. Co ja mówię, jakie „kiedyś", to było przecież tak niedawno. Wcześniej też, jak patrzyłam na inne laski, to mnie to motywowało, ale na krótką metę. Teraz trzymam kciuki za dziewczyny, które chcą się odchudzać i wspieram je, jak tylko mogę. Zależy mi na tym, żeby się nie poddawały.

Mój Paweł nigdy nie był o mnie zazdrosny, tak jak ja o niego. I teraz, kiedy oboje schudliśmy i wyglądamy dużo fajniej, nic się nie zmieniło. Żadna palma nam nie odbiła. Mamy do siebie wielkie zaufanie. Bo trzeba sobie ufać. Nadal się kochamy i spędzamy ze sobą dużo czasu. No i wreszcie możemy nosić ładne ciuchy. Po odchudzeniu cała garderoba poszła do wymiany, nawet majtki. Jedyne, co ocalało, to skarpetki. Na razie zdążyliśmy wymienić garderobę letnią, teraz czekają nas zakupy na jesień i zimę. Szok, jak to się wszystko pozmieniało. Ale Paweł kocha zakupy, w sklepach czuje się jak w raju, tym bardziej teraz, kiedy może wybierać w fajnych rzeczach, a nie szukać rozmiarów jak na słonia.

Wysłanie listu do Konrada Gacy to jedna z lepszych rzeczy, jaką w życiu zrobiłam. Będziemy panu Konradowi wdzięczni do końca życia. On jest najlepszym dietetykiem i trenerem na świecie. Nikt nie ma takiego podejścia, nikt tak nie potrafi przemówić do człowieka jak on.

Paweł Książek

-52 kg

Rodzinne odchudzanie działa

Organizm przypomniał sobie, jak ma działać

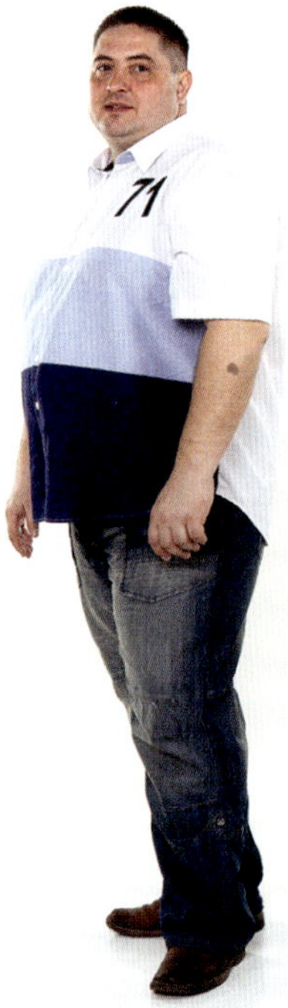

W moim przypadku całe odchudzanie poszło wyjątkowo „lajtowo". Być może to wynika z faktu, że do 18. roku życia byłem bardzo aktywny, trenowałem piłkę nożną. Dopiero później przestałem się ruszać i zacząłem tyć, bo metabolizm poszedł na odpoczynek. Te wszystkie obiadki rodzinne, imprezy zrobiły swoje. Praca w fabryce cukierków też nie pomogła. Miałem obowiązek próbować wszystkiego, by znać każdy smak. U nas są różne czekolady, które jednak wyglądają tak samo, i zawsze jest ryzyko, że ktoś pomyli kartkę z opisem, więc muszę próbować, żeby nie było problemów. Nie może się okazać, że mamy całego tira zwrotów, bo wysłaliśmy do Skandynawii złe wyroby.

Od tego zaczęło się moje tycie – jeden cukiereczek, drugi cukiereczek, a że nasza firmowa czekolada jest rewelacyjna, to naprawdę bardzo trudno było się powstrzymać i przestać podjadać. Na szczęście, dzięki odchudzaniu organizm się obudził. Ćwiczenia przypomniały mu, jak powinien funkcjonować.

Cieszę się, że syn chciał pójść w moje ślady. Zaczął grać w piłkę i nawet chciał dostać się do klasy sportowej, ale konkurencja była zbyt duża. W tej klasie znalazło się wielu chłopaków normalnie trenujących w Zniczu Pruszków. Trener pocieszał syna, że może w II klasie dobije do zespołu, kiedy część osób się wykruszy. Teraz syn ciągle trenuje, jest niesamowicie aktywny, w domu trudno go utrzymać. Wcześniej było wręcz odwrotnie – na dwór nie można go było wygonić, jesienią i zimą był tylko dom, komputer i jedzenie, nawet w lecie wychodził niechętnie. I zawsze prosił: „Mama, daj mi na jedzenie". Po odchudzaniu Kacper zmienił się też psychicznie, stał się pewny siebie, silniejszy. Teraz w szkole zachowuje się zupełnie inaczej, nie daje sobie w kaszę dmuchać, nie odpuszcza nawet, kiedy kolega ze starszej klasy go zaczepia. Mówi wtedy sobie: „Tyle na siłownię chodzę, to co on mnie tu będzie gnębić."

Plany na przyszłość? Przede wszystkim utrzymać wagę, jaką osiągnęliśmy. Na pewno dalej będziemy trenować. Będziemy też wspierać program odchudzania pana Konrada. Gdzie tylko mogę, apeluję do rodziców, żeby przychodzili do Gaca Centrum z dziećmi, z całymi rodzinami, bo to jest wspaniała sprawa. Poznaje się innych, fajnych ludzi i wszystko staje się nową prawdziwą przygodą. Mamy wielki dług wdzięczności u Konrada Gacy. Bez niego nie bylibyśmy w stanie tak się zmobilizować. Ktoś musiał w nas uwierzyć, żebyśmy my sami uwierzyli w siebie.

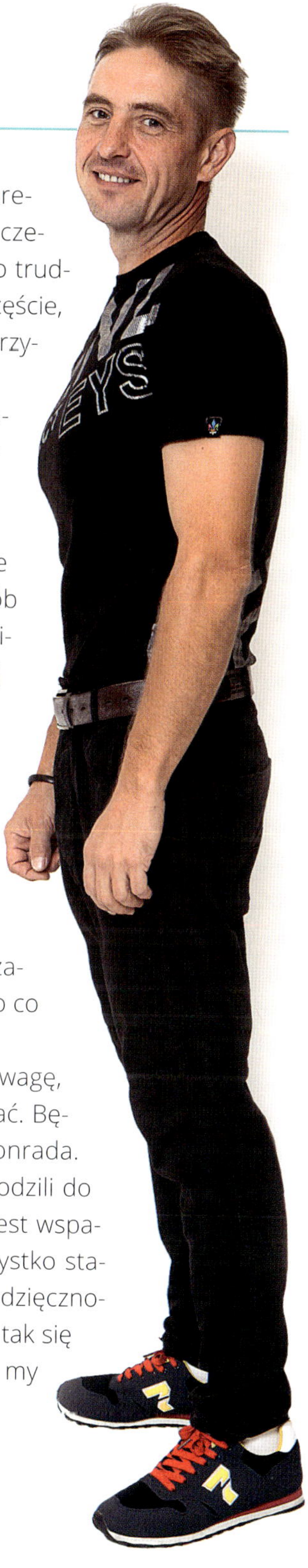

Kacper Książek

-30 kg

Rodzinne odchudzanie działa

Zacząłem interesować się sportem

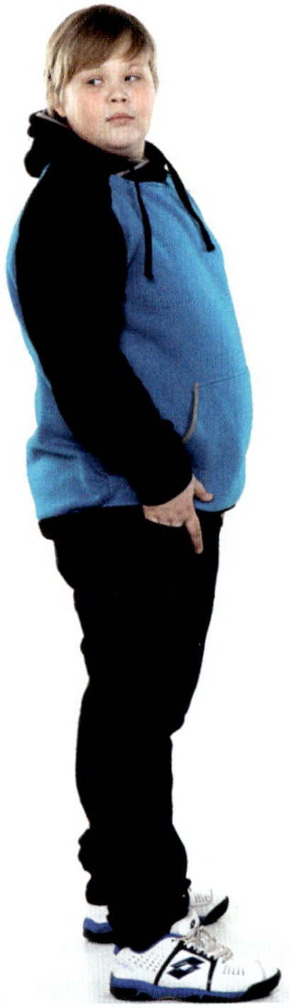

Byłem tak gruby, że już nie mogłem na siebie patrzeć. Nie lubiłem siebie takiego, w szkole też mnie nie lubili z powodu mojego wyglądu. Dokuczali mi, a ja czułem się źle sam ze sobą. Fajnie, że mama zgłosiła mnie do odchudzania u pana Gacy. Wcześniej próbowałem się sam odchudzać, ale nic z tego na dłuższą metę nie wychodziło.

Z dietą nie miałem problemów, bo wiedziałem, że to, co robię, jest dla mojego dobra. Musiałem po prostu zrezygnować z cukrów, soli, no i pieczywa. Jadłem to, co polecił mi Konrad Gaca. Posiłki nosiłem ze sobą w pojemnikach do szkoły, żeby jeść tak często, jak potrzeba. Także treningi nie były żadnym problemem.

Po odchudzeniu się zacząłem bardziej interesować się sportem, szczególnie piłką nożną. Kiedy poszedłem do gimnazjum, chciałem dostać się do klasy sportowej. W tym roku nie wyszło, ale nauczyciel powiedział, że skoro gram od niedawna, to i tak mam niezłe wyniki.

Odchudzanie zaczynałem pod koniec podstawówki, gdzie – jak wspomniałem – byłem gruby i nielubiany. Teraz w gimnazjum jest zupełnie inaczej – jestem dobrze traktowany i mam fajnych kolegów. A wierzę, że będzie jeszcze lepiej.

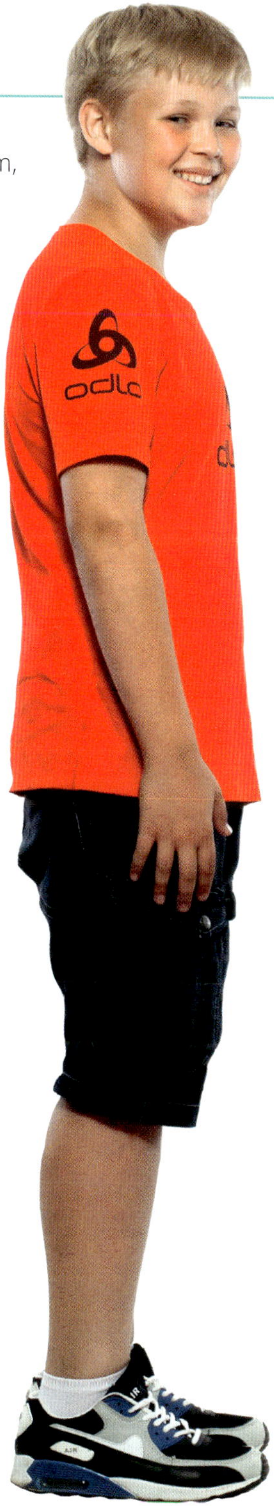

Małgorzata Staszewska

-46 kg

Bycie na diecie to łatwizna

Żeby schudnąć, trzeba najpierw poukładać sobie wszystko w głowie. Ja miałam to szczęście, że pomógł mi w tym pan Konrad. Później wszystko poszło błyskawicznie.

Zanim trafiłam do programu, czułam się fatalnie. To był dla mnie bardzo trudny czas. Zaczęłam tyć w czasie leczenia. Przyjmowałam lekarstwa, aby móc zajść w ciążę. Kiedy w końcu dowiedziałam się, że będę mieć dziecko, byłam najszczęśliwszą kobietą na świecie. To, że w trakcie terapii stałam się dwa razy większa niż wcześniej, nie miało dla mnie żadnego znaczenia. Ale radość szybko minęła. Synek był bardzo chory. Zmarł. To był dla mnie prawdziwy dramat. Skończyło się też moje małżeństwo. Byłam sama i czułam się zdruzgotana. Zamknęłam się w sobie, unikałam ludzi, a jedyne, co umiałam robić, to zajadać stres. I tak doszłam do wagi 112 kg.

Nie wiem, jak by się to wszystko skończyło, gdyby nie wizyta u siostry. To wtedy usłyszałam o naborze do programu Konrada Gacy. „Co ci szkodzi, spróbuj" – namawiała mnie. I namówiła. Napisałam do pana Konrada, ale szczerze mówiąc, nie wierzyłam, że się dostanę. Wtedy w ogóle nie wierzyłam, że cokolwiek może mi się udać. Ale zostałam wybrana. Później już nie było czasu na myślenie. Pamiętam tylko, że zamówiłam sobie wielką pizzę i ją zjadłam. Tak pożegnałam stare życie. Następnego dnia zaczęła się dieta. Przez kolejnych pięć miesięcy nie złamałam jej, poza jednym wyjątkiem, kiedy zjadłam schabowego.

Udział w programie „Fat Killers. Zabójcy tłuszczu" był dla mnie wspaniałym czasem. Poczułam wreszcie, że się zmieniam, znowu zaczęłam myśleć o sobie jako o kobiecie. Zmieniło się także wiele w moim życiu osobistym. Jestem z Grzegorzem i jest nam bardzo dobrze ze sobą. To wszystko wydarzyło się zaledwie w ciągu kilku miesięcy.

Teraz już mogę się do tego przyznać, ale na początku, gdy pan Konrad powiedział, że widzi mnie szczupłą na gali, pomyślałam sobie: „to niemożliwe". Szybko okazało się, że to on miał rację. Podczas pierwszego ważenia byłam aż o 13 kg lżejsza i wtedy dotarło do mnie, że jest świetnie, a będzie jeszcze lepiej. Później przez pewien czas jedynym moim problemem były nogi – nie chciały zrobić się chudsze, ale w końcu i z nich zeszły kilogramy.

Wiele osób mówiło mi: „Trzeba mieć dużo odwagi, żeby wystąpić w programie telewizyjnym". Wcale nie traktowałam zgłoszenia do programu w kategorii odwagi. Dla mnie liczyło się przede wszystkim, że może wreszcie schudnę. To, że będę w telewizji, było mniej istotne. Teraz cieszę się, że mogłam wziąć udział w tym programie. Nie tylko dlatego, że sama tak bardzo się zmieniłam. W ten sposób mogliśmy pokazać osobom otyłym, że można działać, a nie tylko siedzieć w domu i wpędzać się w jeszcze większe kłopoty.

Małgorzata Staszewska

-46 kg

Jeśli mam być szczera, czuję się tak, jakby ten program nadal był kręcony. Mieszkam w Łęcznej, gdzie praktycznie wszyscy się znają. Często słyszę za plecami, jak mówią: „To ta z programu", i oceniają, w jakiej jestem formie. Tak samo jest w pracy. Klienci przychodzą do sklepu i pytają: „A czy to nie pani brała udział w tym programie?". Kiedy słyszą, że to ja, dodają, zaskoczeni: „O, to jednak nadal trzyma pani formę". No pewnie, że trzymam, nie po to wystąpiłam w programie i tyle zrobiłam, żeby to wszystko stracić.

Nie będę jednak ukrywać, że takie kontrolowanie działa na mnie mobilizująco. Jest dodatkowym przykręcaniem śruby. Mam świadomość, że ludzie nadal zwracają na mnie uwagę i może wielu z nich przekona się, że można dać sobie radę z otyłością. Gdybym im pokazała, że jednak to otyłość znowu wygrywa, byłby to fatalny sygnał i dowód na to, że zmarnowałam pracę i nadzieje wielu osób, którzy mi pomagali.

Chociaż od zakończenia programu minął już ponad rok, nadal pamiętam siebie sprzed rozpoczęcia odchudzania. Mam swoje stare zdjęcia i czasem na nie patrzę. To też niezła mobilizacja – widzieć siebie taką zupełnie inną. Długo nie mogłam uwierzyć w swoją przemianę.

Po programie dostałam dwa swoje zdjęcia-miniaturki. Na jednym byłam ta stara, otyła, a na drugim nowa, szczupła. Muszę powiedzieć, że z początku było mi ciężko przywyknąć do nowego wyglądu, musiałam się przyzwyczaić do siebie samej. Miniaturki noszę przy sobie, patrzę na nie, kiedy przytrafiają mi się jakieś trudniejsze chwile. Te zdjęcia bardzo mnie motywują, mówią: „Dasz radę, będzie dobrze". Są dowodem na to, że jeśli zacznę coś robić, mogę osiągnąć to, na czym mi zależy.

W czasie odchudzania nawiązałam znajomości z wieloma osobami, którym także pomagał pan Konrad. To ciekawe, że wszyscy dostrzegamy, jak wiele zmieniło się w naszym życiu. Kontaktowałam się ostatnio z jednym „Gacowiczem", który pisał, jak zmienił się jego tryb życia po wyprowadzeniu z diety. Teraz ciągle ma co robić. Maszeruje z kijkami, chodzi na basen, organizuje sobie różne treningi. Dba też o odżywianie. Nie jest już na diecie Gaca System, ale korzysta z tego, czego nauczył się w czasie realizacji programu. Na przykład nie używa soli, zastępując ją innymi przyprawami. Ale je to, na co ma ochotę. Chce flaki, to robi sobie flaki. Ma ochotę na sajgonki, to też je sobie przygotowuje. Jeśli je w restauracji, to mówi, jak chce mieć przygotowane potrawy. Więc życie po skończeniu odchudzania też jest łatwe.

Jak żyje się w czasie korzystania z GACA SYSTEM? To zabawne, ale często słyszę podobne pytania. Ludzie mówią: „Bycie na diecie musi być strasznie trudne". Dla mnie wcale takie nie było. Miałam zorganizowany kawał życia. Dostawałam rozpiskę z wiadomościami, co i jak jeść, jak trenować, w razie potrzeby miałam z kim porozmawiać. To naprawdę świetny czas. Tak naprawdę jedyne, co człowiek musi wtedy robić, to trzymać się wytycznych, a reszta przychodzi sama. Niestety, są osoby mające problem z trzymaniem się założeń. Nie wiem, z czego wynika to ich poczucie, że wszystko wiedzą sami lepiej i mogą zmieniać po swojemu dietę i treningi. Tak się nie da. Ten program działa, kiedy robi się wszystko od deski do deski, wtedy są efekty.

Myślę, że do wszystkiego w życiu trzeba dojrzeć, do schudnięcia także. Dzięki rozmowie z panem Konradem od razu się przestawiłam na odchudzanie. Wiedziałam, że to dla mnie ważne. Potem już nic mnie nie ruszało. Pokusy takie jak drożdżówki, pączki, czekolady nie miały władzy nade mną. Ludzie śmieją się ze mnie, że odchudziłam nie tylko siebie, ale i mózg, bo zmieniło się zupełnie moje myślenie. Coś w tym jest. Dodam, że to nie koniec mojej pracy. Chciałabym zrobić formę fitnesski i pokazać innym, że osoba, która kiedyś była otyła, może wyglądać tak znakomicie.

Tylko mój Grzesiek żartuje, że jak dopnę swego, to przestanie się ze mną pokazywać na plaży, bo będzie się wstydził, że źle przy mnie wygląda.

Ryszard Gratka

-112 kg

Z rozmiaru 8XL na rolki

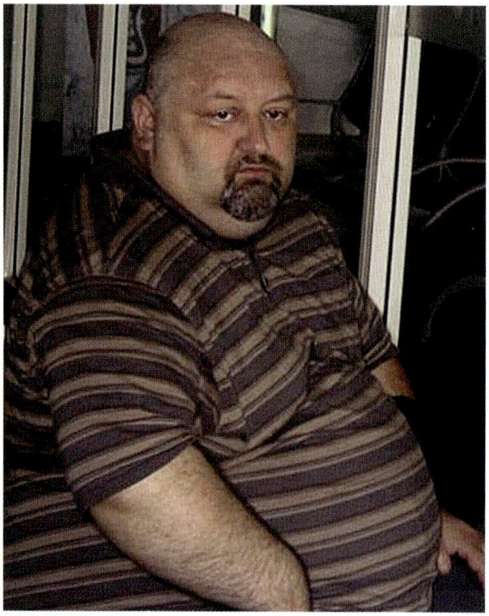

Od 14 lat mieszkam w Austrii, gdzie przez 8 lat prowadziłem firmę transportową. Osiem lat temu złamałem nogi na nartach. Ważyłem wtedy 80 kg. Kiedy byłem unieruchomiony, przytyłem 50 kg w ciągu roku.

Byłem tak wielki, że musiałem zakupić dla siebie duży samochód, by móc jeździć na trasach międzynarodowych. To mnie po prostu dobiło. Złe jedzenie, zły tryb życia i praktycznie zero ruchu. Do tego dochodził stres związany z prowadzeniem działalności gospodarczej i życiem prywatnym. Tyłem coraz bardziej, doprowadzając się aż do 205 kg. Zakupy były koszmarem. Za każdym razem wybierałem większe ciuchy – doszedłem aż do rozmiaru 8XL. Musiałem zamawiać je przez internet, bo w sklepach tak wielkich nie można było kupić. Ponadto takie są wyjątkowo drogie, więc na ciuchy wydawałem majątek. Co gorsza, w tych ubraniach chodziłem najwyżej 2–3 tygodnie, bo robiły się zbyt małe i musiałem wieszać je na wieszaku.

Uwielbiałem podróżować, ale wyprawy z tyloma kilogramami też stały się koszmarem. Gdy wchodziłem na pokład samolotu, to pierwszą rzeczą, o jaką prosiłem, był przedłużacz pasa, bo te, które są standardowo na wyposażeniu, były dla mnie za krótkie. Teraz dziwię się liniom lotniczym, że nie musiałem płacić za dwa miejsca. Miałem też 8 własnych busów, ale w 5 z nich nigdy nie siedziałem, bo po prostu się w nich nie mieściłem. Zrobiłem się tak bardzo otyłym facetem.

Ale to nie koniec moich problemów. Robiłem się coraz słabszy, powolniejszy i bardziej senny. Pamiętam, jak 3,5 roku temu wracałem z pracownikami z jednej z dostaw. Był wieczór. Nagle zasnąłem na kilka sekund za kierownicą. Dobrze, że pracownicy byli obok. Jeden z nich natychmiast złapał za kierownicę i sprowadził samochód na drogę. Skończyło się tylko na zarysowaniu boku samochodu. Zatrzymaliśmy się na parkingu, żeby choć trochę się uspokoić. I wtedy dotarło do mnie, że mogłem zginąć i muszę coś wreszcie zmienić w swoim życiu, bo inaczej będzie po mnie. „Biorę tydzień wolnego i musicie sobie radzić sami" – powiedziałem do pracowników.

Poszedłem do lekarza, który skierował mnie do szpitala. Dołączyłem do grupy 12 otyłych, których poddano specjalnemu leczeniu. Zacząłem chudnąć, w 8 tygodni pozbyłem się 20 kg. Ale lekarze uznali, że więcej zgubić będzie mi bardzo ciężko i zaproponowali zmniejszenie żołądka. Operację przeszedłem dwa lata temu. Później zakwalifikowali mnie na następną, zrobili mi by-pass żołądkowy.

Niedługo potem zobaczyłem program „Fat Killers. Zabójcy tłuszczu", a w nim Konrada Gacę. Zadzwoniłem na gorącą linię i tam porozmawiałem z Jackiem Borkowskim, który powiedział, że skontaktuje mnie z panem Konradem. Byłem mile zaskoczony, kiedy zadzwonił, bo okazało się, że przebywa na wczasach w Hiszpanii. Ktoś odpoczywający na urlopie pomyślał o jakimś gościu, który ma

Ryszard Gratka

-112 kg

problemy z otyłością. Zaproponował mi osobę prowadzącą i zaczęliśmy realizację programu. Od tego momentu stałem się jego gorącym zwolennikiem. Ten system to rewelacja pod każdym względem!

Nigdy nie zapomnę siebie, jaki byłem przed rozpoczęciem odchudzania się. Rozstałem się z partnerką. Zamknąłem firmę, sprzedałem wszystkie samochody. Zostałem sam. I... zamknąłem się w mieszkaniu. Zakupy robiłem z taksówkarzem – przyjeżdżał po mnie, jechaliśmy do sklepu, ładowałem dwa wózki zakupów i wracałem do siebie. Oczywiście, to taksówkarz wnosił je do mojego mieszkania, bo ja nie byłem w stanie zrobić więcej niż 10 m, bolał mnie też strasznie kręgosłup. Kiedy już z powrotem znalazłem się w mieszkaniu, to potrafiłem z niego nie wychodzić nawet przez dwa miesiące. Wstydziłem się siebie. Bałem się spojrzenia innych. Człowiek otyły robi się okropnie przewrażliwiony. Wystarczy, że ktoś uśmiechnie się na ulicy, a on już myśli, że śmieje się z niego. Żyłem w koszmarnym napięciu.

Dzięki Gaca System powróciłem do normalnego życia. Wyzwoliłem ponownie swoją energię. Od 19. roku życia robię różne interesy. Zdarzało się, że prowadziłem nawet pięć firm naraz. Dopóki nie miałem problemów z otyłością, kipiałem zapałem. Później wszystko się zmieniło. Dopiero poznanie i korzystanie z zasad mądrego odchudzania pozwoliło mi poczuć się jak dawniej.

Zmieniło się także moje podejście do ludzi. Wcześniej nie potrafiłem przerywać różnych toksycznych znajomości. Ciągnąłem je ze szkodą dla samego siebie. Teraz umiem powiedzieć: „basta". Jeśli widzę, że ktoś postępuje nieuczciwie, jest nieszczery w stosunku do innych lub do mnie, po prostu kończę taką znajomość. Wcześniej nie znałem tej sztuki. Toksyczne znajomości były przyczyną różnych stresów i napięć, które kiepsko wpływały na samopoczucie. Teraz mogę powiedzieć, że mam wokół siebie samych fajnych ludzi i dzięki nim też żyje mi się znacznie spokojniej.

W Wiedniu spotkałem grupę ludzi, którzy też borykają się z problemem otyłości. Powołuję z nimi Stowarzyszenie Mądrego Odchudzania. Chcemy popularyzować to, co robi Konrad Gaca. Są wśród nas osoby mówiące po polsku, niemiecku, angielsku, włosku i chorwacku. Zacząłem też namawiać innych do tego stylu życia. Wszystko zaczęło się w chwili, kiedy wrzuciłem na Facebooka swoje zdjęcie ze starymi spodniami. Zaczęło działać jak śnieżna kula. Ludzie pisali do mnie, dzwonili. Moją osobą zainteresowały się także austriackie media, i to nie tylko polonijne.

Zmieniłem się nie tylko od wewnątrz, ale i pod względem sprawności. Po 12 latach jeżdżę na rolkach – śmigam sobie na nich nad Dunajem. To wspaniałe uczucie: móc znowu tak lekko i swobodnie gnać przed siebie.

Sądzę, że stałem się też lepszym kucharzem. Lubię gotować, swego czasu prowadziłem restaurację i nauczyłem się robić to dobrze, ale wtedy nie wiedziałem wszystkiego o zdrowym jedzeniu. Dzięki odchudzaniu polubiłem brokuły i karkówkę. Przekonałem się do stosowania przypraw polecanych przez pana Konrada. Wiem, że rzeczywiście bez soli można zjeść smacznie. Poznałem szereg fantastycznych połączeń smakowych, np. migdałów z suszonymi morelami. Wcześniej nie miałem pojęcia, że one mogą tak smakować.

Wiem, że zaczął się lepszy etap w moim życiu.

Wioletta Bojek

-31 kg

Spełniłam dwa największe marzenia

Jak większość pacjentów pana Konrada, także ja przez lata sprawdzałam na sobie wiele różnych diet, zanim trafiłam na tę jedną, odpowiednią. Kiedyś bowiem zobaczyłam wywiad w TV z Konradem Gacą i całą ekipą fantastycznie odchudzonych ludzi. I wtedy stwierdziłam, że jak schudnę, to tylko w Lublinie.

Wioletta Bojek

-31 kg

Niestety, nie od razu zabrałam się do pracy. Upłynęły dwa lata, zanim zaczęłam się odchudzać. Wreszcie postanowiłam zrobić sobie prezent imieninowy i w październiku pojechałam z Pionek do Lublina, żeby wysłuchać wykładu pana Konrada. No i się zaczęło.

W lutym czekał na mnie kolejny prezent, tym razem urodzinowy. Kiedy stanęłam na wadze, okazało się, że schudłam 25 kg. Tempo było zawrotne, działo się dużo i w mojej głowie, i w życiu. Przez te cztery miesiące nie miałam żadnych wpadek, po prostu szłam jak burza.

W sumie schudłam 31 kg. Obserwowałam zmianę swojego organizmu, widziałam, jak gubię tkankę tłuszczową, jak zmienia się moja sylwetka. I powiem: nie ma nic fantastyczniejszego dla kobiety niż bieganie co dwa tygodnie do sklepu i zmienianie garderoby na mniejszą. To wspaniałe uczucie i dla niego też warto się odchudzić.

Sporo osób nie wierzyło, że mi się może w końcu udać, ale ja walczyłam i cały czas pamiętałam, że wszystko, co robię, robię tak naprawdę dla siebie. Wcześniej przez 9 lat tylko mówiłam sobie, że moim marzeniem jest być chudszą o 20 kg. Czas mijał, a ja zamiast chudnąć, stale przybierałam na wadze.

Wsparcie pana Konrada i wszystkich „Gacowiczów" były niesamowitym przeżyciem. Cieszę się, że i ja mogłam być w tej grupie. Czy się ma doła czy poczucie, że się zrobiło coś dobrego, to człowiek wie, że nie jest sam. Najprostszy przykład to wrzucenie nowych fotek na Facebooku, a ludzie od razu gratulują, dają pozytywnego kopa do dalszego działania. W życiu jesteśmy narażeni na różne sytuacje, a osoby otyłe są bardzo wrażliwe na swoim punkcie, boją się krytyki i złośliwości. Wśród „Gacowiczów" nie ma wcale takiej uszczypliwości, każdy stara się wyciągnąć tego drugiego z dołka, sprawić, aby szedł jeszcze szybciej do przodu. To takie super. Sama przynależność do jakieś grupy zawsze dodaje skrzydeł, ale możliwość kontaktu z takimi ludźmi jak „Gacowicze" była dla mnie czymś niezwykłym. Wcześniej w moim życiu wydarzyło się wiele złych i przykrych rzeczy. Kiedy znalazłam się wśród „Gacowiczów", poczułam się jak w rodzinie, której wcześniej nigdy nie miałam.

Tak samo fantastycznie czułam się w GACA CENTRUM – nie chciało mi się stamtąd wychodzić. Dlatego marzyłam, by móc tam pracować, spędzać jak najwięcej czasu i móc służyć pomocą innym osobom, które przechodziły przez tę samą drogę co ja. Postawiłam wszystko na jedną kartę. Powiedziałam mężowi, że bez względu na wszystko ja tam pojadę. I udało mi się!

Znalazłam się w świecie swoich marzeń. Spełniłam największe! Fantastycznie odnajdywałam się w roli motywatora. Uważałam, że skoro mnie się udało, to i innym się uda. To było niezwykle fajne uczucie: móc dawać wsparcie innym. Przeszłam wszystkie szkolenia, przygotowując się do pracy z pacjentami. Czas spędzony w Warszawie był fantastyczny, ale ze względów rodzinnych musiałam wrócić do domu. Nadal nie mogę pogodzić się z tym, że mnie tam nie ma. Pan Konrad mówi, że mogę wrócić w każdej chwili. Może kiedyś znowu mi się to uda?

Odchudzanie dało mi ogromną wiedzę. Kiedyś, jeszcze przed poznaniem pana Konrada, potrafiłam schudnąć nawet 15 kg, ale co z tego, skoro kilogramy szybko powracały, a nawet robiło się ich więcej – byłam cięższa o 20 kg. Teraz mam stałą wagę i trzymam się „Gacowych" torów.

Zmieniłam się też jako człowiek. Nie zawsze byłam taka pogodna jak teraz. Udowodniłam sobie i innym, że potrafię. Dla mnie bardzo ważne było też to, że ktoś we mnie uwierzył i dostałam pracę w GACA CENTRUM. Teraz wiem, że warto zawalczyć i podjąć wyzwanie. Strach jest naszym najgorszym wrogiem. W życiu boimy się często rzeczy, które tak naprawdę nie są takie straszne. Najważniejsze to zacząć coś robić.

W moim przypadku strach pojawił się nie na początku, ale pod koniec odchudzania. Wtedy zaczęłam myśleć: jak sobie poradzę, gdy skończy się opieka? Były warsztaty motywacyjne, konsultacje i koniec, już nic się nie dostaje na tacy. Dotyka to wielu osób. Ale też wiem, że zmiana myślenia, jaka następuje w trakcie realizacji programu, zostaje i pomaga w dalszym, samodzielnym, zdrowym życiu. Człowiek odkrywa, że został przeprogramowany do nowego, lepszego życia, i to jest fantastyczne.

Zofia Zatorska

-20 kg

Otyłość? Wiem, jak sobie z nią radzić

Swoje odchudzanie
pod okiem
Konrada Gacy zaczęłam
w październiku 2007 r.
Dzięki panu Konradowi
nie tylko schudłam,
ale też wreszcie wiem,
co i jak należy jeść.

Zofia Zatorska

-20 kg

Tamtej jesieni zaczynał się kolejny nabór pilotów do akcji „Chudniesz – Wygrywasz Zdrowie". Mąż przywiózł mnie na spotkanie, ale nie wszedł ze mną do środka. Powiedział, że on się nie ma z czego odchudzać. Weszłam sama.

Już na początku pan Konrad mnie zaskoczył, mówiąc, że nie zostanę pilotem, bo za mało ważę. Byłam trochę zdziwiona, bo ja od dziecka uważałam, że jestem gruba (przy wzroście 158 cm ważyłam 85 kg). Zaproponował mi jednak, że przez miesiąc mogę bezpłatnie odchudzać się pod jego okiem. Więc spróbowałam.

W ciągu pierwszego tygodnia schudłam prawie 3 kg, ale wiedziałam, że osoby, które miały większą wagę, straciły jeszcze więcej. Poszłam więc na spotkanie z Konradem Gacą trochę smutna i od wejścia powiedziałam, że mam chyba słaby wynik. A on, że wręcz przeciwnie, że jest świetnie. I tak to się zaczęło. Bardzo szybko pozbyłam się 20 kg.

To było wspaniałe uczucie. Od zawsze miałam problem z nadwagą. Użerałam się z nią przez całe dotychczasowe życie, chociaż uwielbiałam ruch – jeździłam na łyżwach, skakałam na hula-hoop – ale to mi nie pomagało. Praca też robiła swoje. Byłam kontrolerem jakości w dużym przedsiębiorstwie, pracowałam w laboratorium spożywczym, gdzie było jedzenie, dużo jedzenia, w tym i lody, i czekolady, i chleb... i można było jeść. Ja sporządzałam ocenę organoleptyczną i zapisywałam ją w raportach.

Mojemu wyglądowi przysłużyły się też ciąże. Po pierwszej udało mi się schudnąć, ale po drugiej przyszło najgorsze. Strasznie przytyłam i nie było siły, żeby się tego pozbyć. Dopiero po latach, kiedy trafiłam do Konrada Gacy, udało mi się zrobić z tym porządek. Od tamtej pory minęły lata, a ja trzymam wagę. Stale ją kontroluję i nie ukrywam, że nieraz złapię kilka dodatkowych kilogramów, ale nie pozwalam im zostawać ze sobą zbyt długo. Wiem, co robić, aby się ich pozbyć. Po prostu przychodzę do GACA CENTRUM i zabieram się do pracy.

Cały czas jestem aktywna, taką już mam naturę. I nie boję się wyzwań. Jeszcze przed odchudzaniem pracowałam za granicą jako niania, opiekowałam się dzieckiem nawet w Japonii. Uwielbiam podróże, uwielbiam pływać w morzu, a dzięki temu, że mam rodzinę porozrzucaną po różnych stronach Polski, to mam gdzie jeździć. Lubię też chodzić po górach i jeździć na rowerze. Od zeszłego roku, kiedy mężowi wysiadł kręgosłup i sprzedaliśmy samochód, bo małżonek nie mógł prowadzić, oboje jeździmy na działkę rowerami, nawet nie przyszło nam do głowy, by pojechać autobusem.

Zmieniło się także moje gotowanie. Przede wszystkim nie solę. Mamy w domu wprawdzie sól morską, ale ona jest tylko dla męża. Szczerze mówiąc, jemu też nie solę, no chyba, że się upomni. Staram się o niego dbać.

Zawsze w kuchni mam płatki owsiane i otręby, śliwki, rodzynki. Na obiad najczęściej jem ryż, a mięso tylko pieczone albo gotowane. No i warzywa. Bez nich, podobnie jak bez przypraw, nie wyobrażam sobie posiłków. Teraz posadziłam sobie na działce lubczyk, który zastępuje sól w stu procentach.

Ponadto nie jem pieczywa, no może sporadycznie, raz na pół roku. Nie jest to z mojej strony jakieś wielkie poświęcenie, po prostu nie ciągnie mnie do tego. Jeśli mam czasami ochotę na coś, co nie jest dietetyczne, na przykład lody czy piwo, to sięgam po to bez wyrzutów sumienia, ale nie ma to nic wspólnego z objadaniem się. Poza tym jako osoba aktywna łatwo rozprawiam się z niezdrowymi kaloriami.

Muszę powiedzieć, że wsiąkłam bardzo w życie GACA CENTRUM. Wydaje mi się, że jestem tutaj na zawsze. Mam bardzo dużo znajomych. Tutaj spotkałam też koleżankę, której nie widziałam ponad 30 lat. Bywa, że jestem tu codziennie, choć nie zawsze przychodzę na treningi, ale towarzysko, spotkać się i porozmawiać ze znajomymi. Tu nawiązuję także nowe kontakty z osobami z całej Polski, które odchudzają się pod okiem Konrada Gacy. Ostatnio pojechałam do Warszawy spotkać się z Joasią Obajtek, która dzięki pomocy pana Konrada nie tylko schudła, ale także wstała z wózka inwalidzkiego. Było super. Miałyśmy dwa dni na pogadanie i pochodzenie po Warszawie. Byłyśmy w Łazienkach, no i oczywiście poćwiczyłyśmy też w stołecznym GACA CENTRUM.

Decyzja o tym, żeby zaufać Konradowi Gacy, była jedną z lepszych w moim życiu. Dzięki niej zmieniło się tak wiele.

Moja metamorfoza

KUCHNIA

Znani o Konradzie Gacy

Alicja Węgorzewska

Zdrowe życie to nawyk

Konrada Gacę poznałam kilka lat temu w Lublinie. Próbowałam później korzystać z jego pomocy korespondencyjnie, ale to mi się nie udało. Dlatego kiedy zobaczyłam, że otworzył Centrum w Warszawie, od razu do niego zadzwoniłam i powiedziałam, że to najwyższy czas, aby w końcu zacząć na poważnie. Żartowałam, że to nie Mahomet przyszedł do góry, tylko góra do Mahometa. Sama mieszkam na Ursynowie, więc lokalizacja Centrum była dla mnie idealna.

Odchudzanie zaczęłam tak samo jak inni, czyli od wykładu. To jest niesamowite w Konradzie, że on wszystkich traktuje tak samo. Możesz być człowiekiem z pierwszych stron gazet, ale musisz postępować tak samo jak wszyscy inni. Nie ma żadnej ulgi.

Jak na razie udało nam się pozbyć 12 kg. Prowadzę bardzo nieregularny tryb życia, dużo wyjeżdżam, co sprawia, że trudniej jest mi realizować program. Muszę jeść na lotniskach, w hotelach. Jednak Konrad Gaca potrafi przygotować mnie na takie sytuacje. Opracowuje specjalne diety, wskazuje, co mogę jeść, a czego nie powinnam. Dzięki temu jest mi dużo łatwiej.

Często dostaję pytania, czy w czasie odchudzania dopadają mnie kryzysy i spadki energii. Muszę powiedzieć, że nigdy coś takiego mi się nie zdarzyło. Regularna aktywność fizyczna sprawia, że człowiek aż chce robić więcej, częściej trenować, najlepiej każdego dnia. Wtedy Konrad stopuje mnie i mówi: „hola, hola; mięśnie też muszą odpocząć".

Nie myślę o tym, kiedy skończę odchudzanie. Zdrowe odżywianie i regularne treningi powinny stać się nawykiem. Nie wyobrażam sobie, że kiedyś przestanę to robić.

Dominika Gwit

Nauczyłam się, czym jest zdrowy styl życia

Pamiętam pierwszą konsultację z Konradem, kiedy powiedział, że mogę schudnąć nawet 50 kg i nosić rozmiar spodni 36. Wtedy pomyślałam: „Co on mówi? To jest niemożliwe!". Dzisiaj mój rozmiar spodni waha się już między 38 a 36. Już niebawem dojdę do poziomu zdrowej wagi. Z trzeciego stopnia otyłości doszłam do stanu nadwagi. Niemożliwe stało się możliwe! Schudłam już prawie 40 kg!

Przede mną jeszcze kilkanaście kilogramów do zgubienia, ale cały czas jestem zmotywowana i mam siłę do działania. Jestem przeszczęśliwa i przyzwyczajona do nowego trybu życia. Konrad nauczył mnie tego, czym tak naprawdę jest zdrowy styl życia. Nie jest tak, że ze wszystkiego trzeba zrezygnować. Trzeba po prostu mądrze żyć.

Zaczęłam się odchudzać przede wszystkim dla zdrowia. Miałam trzeci stopień otyłości. Zdawałam sobie sprawę z tego, że za kilka lat pojawią się problemy z sercem, ciśnieniem, stawami. Uznałam, że muszę sobie pomóc, więc wybrałam się do Konrada Gacy. To była najlepsza decyzja w moim życiu.

Jaki jest Konrad? Wspaniały, bardzo wspierający, a przede wszystkim mądry. Tę jego mądrość i profesjonalizm bardzo doceniam. Wspiera mnie, ale jednocześnie potrafi postawić do pionu, jeśli poniesie mnie euforia albo kiedy pojawi się jakiś kryzys, chociaż tych ostatnich praktycznie nie miewam. Konrad pomaga wielu osobom i w historię każdej z nich się angażuje. To bardzo pomocne w procesie odchudzania.

Wychodzę z założenia, że można zrobić wiele, jeśli tylko się chce i dobrze się wszystko zorganizuje. W moim życiu ciągle coś się dzieje. Jestem aktorką, dziennikarką, pracuję w firmie public relations i mimo wielu obowiązków odchudzanie nie jest problemem.

Każdego dnia wieczorem robię jedzenie na następny dzień. Rano wkładam pudełka do torebki i idę do pracy. Zawsze dbam także o to, żeby stała przy mnie butelka wody. To wszystko nie wymaga jakichś nadludzkich umiejętności, a jedynie chęci i dobrej organizacji. Podobnie jest z treningami. Jeśli jakiegoś dnia nie mogę się pojawić, to przychodzę na drugi dzień. Nie rezygnuję z ćwiczeń, nie usprawiedliwiam się, że dzisiaj skończyłam później pracę, to sobie odpocznę, zamiast ćwiczyć. Nic z tego! Klub jest otwarty długo, więc mogę się tam pojawić nawet późnym wieczorem. Nie odpuszczam sobie, bo wychodzę z założenia, że jeśli człowiek raz odpuści, to później będzie robił to częściej.

Praca nad sobą to codzienna walka z największym wrogiem, którym jesteśmy my sami. Każdy dzień diety, każdy trening prowadzi nas do sukcesu. Dzisiaj, po prawie półrocznej przygodzie z GACA SYSTEM, mogę pochwalić się tym, że ani razu się nie złamałam. I to jest mój największy sukces. Dzięki temu poznaję siebie, swoje możliwości, poznaję swój organizm i uczę się go słuchać.

Przede mną jeszcze długa droga, ale uzyskane efekty napędzają mnie do działania. Jestem pozytywnie nastawiona i gotowa na dalsze wyzwania!

John Godson

Czuję się tak lekko

Kiedyś obejrzałem w internecie efekty odchudzania wielu osób, które korzystały z pomocy Konrada Gacy. Niesamowicie mnie to zaintrygowało. I tak zaczęła się nasza współpraca.

Pamiętam, że jedną z tych osób, których przemiany wtedy zobaczyłem, był Jacek Borkowski z Łodzi. To, co osiągnął, było niezwykle imponujące, ale także szalenie zachęcające do rozpoczęcia pracy nad sobą.

Nie będę ukrywał, że wcześniej sam próbowałem zrzucić trochę kilogramów – raz się udawało, a raz nie. We współpracy z Konradem Gacą wszystko odbywa się zupełnie inaczej. Na razie schudłem 18 kilogramów i – co najważniejsze – te kilogramy do mnie nie powracają. Efekt? Kiedyś sapałem podczas chodzenia, teraz nie mam problemu z przejściem 10 km – i nie tylko mogę, ale chcę chodzić. Czuję się lekko i optymistycznie. Czuję, że żyję, i to jest bardzo fajne.

Ludzie obserwują, jak się zmieniam. Znajomi, wyborcy chwalą, gratulują, podziwiają. To też motywuje mnie do dalszej pracy, a ich – widząc, że to trwały efekt – zachęca, by samemu spróbować.

Niektórzy mówią nawet, żebym już przestał, bo zaczynam marnie wyglądać.

Jednak mój tryb pracy stwarza pewne problemy. Od rana mam bowiem spotkania, które trwają do późna, i ciężko znaleźć czas na zjedzenie tych czterech zaplanowanych posiłków. Ale staram się jakoś sobie radzić – noszę pojemniki z jedzeniem, nastawiam alarm w komórce, który przypomina mi, że muszę coś zjeść... W sejmowej restauracji też wiedzą, jak się odżywiam, i nie muszę już tego tłumaczyć, tylko dostaję smacznego, niesolonego łososia. Z potraw, jakie jem w czasie odchudzania, uwielbiam żurawinę z otrębami i migdałami oraz wszystko, co jest ze szpinakiem.

Mam nadzieję, że uda mi się doprowadzić odchudzanie do końca. Kiedyś byłem bardzo sprawny i szczupły, nawet startowałem w biegach maratońskich. Ale wtedy miałem kompleksy – uważałem, że źle wyglądam, a nogi mam jak patyki. Chciałem nabrać masy, zacząłem więc chodzić na siłownię, a przede wszystkim jeść, jeść, jeść, czego później nie potrafiłem już sam zatrzymać. Co rok przybywało mi 3–5 kg. W końcu trzeba było to jakoś przerwać, bo mogłoby się źle skończyć.

Dorota Szpetkowska

Zaraziłam się optymizmem

Konrad Gaca to człowiek pełen entuzjazmu i energii, siły i wiary w drugiego człowieka. Sprawia, że jesteś w stanie uwierzyć w prostą prawdę: chcieć to znaczy móc. Dlaczego dopiero teraz? Bo Konrad ma dar przekonywania. Jemu udało się przekonać mnie, że potrafię pokonać własne słabości i żyć tak, by życie było dla mnie radosne. Niby proste, a jednak, o dziwo, przez lata nieosiągalne. Konrad jest człowiekiem czynu, człowiekiem pasji.

Zaraża swoim optymizmem i w jakiś dziwny sposób wyzwala siłę, której człowiek, pozostawiony sam sobie, nie potrafi w sobie odnaleźć. Niestrudzenie motywuje, przekonuje, walczy o ciebie i nie odpuszcza… Nie sposób się temu nie poddać. Gdy przychodzą chwile zmęczenia, zwątpienia, nieoczekiwanie dostajesz SMS: „Dajesz radę? Wierzę, że tak! Padasz na twarz, czyli kwitniesz, tryskasz humorem, bije od ciebie sama radość. Super! Właśnie tak ma być :-)". No i jak tu nie podjąć kolejnego wyzwania? Jak nie próbować walki z samym sobą dla dobra samego siebie? Nie da się!

Zastępy byłych grubasów – tryskające dziś optymizmem, dobrym zdrowiem, imponującą kondycją, dumne ze swego nowego ciała, a przede wszystkim z nowego DUCHA – to najlepsza wizytówka mądrej, konsekwentnej pracy Konrada.

Nina Terentiew

Konrad aplikuje mi oceany optymizmu

Konrada poznałam podczas realizacji programu „Fat Killers" dla Telewizji Polsat. Zobaczyłam zdesperowanych, nieszczęśliwych ludzi, właściwie na granicy życia i śmierci, dla których jedynym światełkiem w tunelu był właśnie Konrad. Pod jego wpływem i dzięki swojej niewyobrażalnej pracy ludzie ci często tracili więcej kilogramów niż waży przeciętny człowiek. Mogli tego dokonać tylko z człowiekiem, któremu ufali, który stawał się dla nich prawdziwym guru. A taki właśnie jest Konrad.

Kiedy poznałam go bliżej, postanowiłam pod jego opieką również stracić trochę kilogramów. I wtedy sama doświadczyłam jego serdeczności, profesjonalizmu i prawdziwego zainteresowania osobą, którą się aktualnie zajmuje.

Dostaję od niego czasem zabawne SMS-y motywujące mnie do pracy nad sobą. A to pisze, że jest ze mnie dumny albo że we mnie wierzy, a to przysyła mi jakieś zabawne zdjęcia – słowem, nawet telefonicznie monitoruje swojego niesfornego podopiecznego. Oceany optymizmu i wiary w siebie, które poza niezwykle skutecznymi dietami i ćwiczeniami aplikuje Konrad, pomagają nawet najbardziej opornym.

Zbigniew Hołdys

Z tego nie chce się rezygnować

Są ludzie, którzy po prostu dużo jedzą. Od dzieciństwa są trenowani w pożeraniu ogromnych ilości pożywienia, dokarmiani (przez matki, ojców, ciocie i babcie) czym popadnie – „pożywnymi" śniadaniami, obiadkami typu „zjedz wszystko i wyliż talerz", słodyczami, czipsami. Kiedy dziecko usłyszy zdanie pochwalne: „Dobrze wyglądasz" – z reguły jest już za późno. Następne będzie: „Gruby, podaj długopis".

Są ludzie, którzy zwyczajnie mają oszalały metabolizm. Spalają błyskawicznie wszystko. A niektórzy – wcale. Siedzą z przyjaciółmi, jedzą z nimi pizzę, hamburgery, mięso z sosem i ziemniakami, ciastka i ssą cukierki, dzień w dzień, zapijają piwkiem, słodzoną kawą. I kiedy ci pierwsi pozostają szczupli jak osa, ci drudzy nagle przestają się mieścić w sukienki i spodnie. Dramat, który widziałem setki razy.

Są ludzie, którym metabolizm „rozwaliła" jakaś choroba albo nagła zmiana biologiczna. Niczemu nie są winni. Cudowna wiadomość o zajściu w ciążę, nagłe rzucenie palenia – hormony potrafią wtedy z człowieka zrobić monstrum i nie zawsze potrafią potem przywrócić sylwetkę wyjściową. Załamać się można.

Są wreszcie tacy, którzy jedzą, przegryzają, podjadają w przelocie, bo takie prowadzą życie. Dalece niesportowe. Cokolwiek schwytane w ręce, zamiast spokojnego obiadu sześć snickersów i jazda dalej po mieście, a tam dwa McDonaldy z frytkami, kupione wprost z auta, ostatni posiłek wyciągnięty z lodówki o 2 w nocy z sześciopakiem piwa, a że głód po piwie i całodniowym stresie jest wielki, to i posiłek niczym w środku dnia – wtedy może być golonka albo tort i myk do łóżka – tam się zaczyna bezszelestne puchnięcie.

Tyle mi mówią moje doświadczenia.

Jestem miksem wszystkich wyżej opisanych przypadłości. Przez lata jadłem niezdrowo, nie to, co trzeba, o porach szalonych, w nerwach, w nadmiarze (bo pyszne), tak jakbym musiał mieć stale zajęte ręce czymkolwiek, najchętniej trzymaniem hot doga i trójkąta pizzy. I pewnego dnia dowiedziałem się, że muszę brać 11 tabletek dziennie oraz czeka mnie operacja kolana.

Cztery miesiące temu połączyłem siły z Konradem Gacą – i co? Wyniki mam wyjęte z encyklopedii zdrowia. Tabletek biorę trzy, i to w mniejszych dawkach. Ważę o 25 kg mniej, ale to nie jest ważne – tu jeden traci „zaledwie" 10 w 4 miesiące, inny – 70 kg w rok, wszystkich ich widzę, śmiejemy się, ćwiczymy dalej, razem, równo. Zaczynamy wracać do grona ludzi radosnych. Odżywamy.

Tu nie spotkasz sportowców z siłowni, nie ma twardzieli ze złotymi łańcuchami, pakujących tricepsy, nie ma też filmowych smukłych lasek, którym przewidziało się, że mają 20 deka nadwagi. Tu wszyscy mamy problem, jednakowy – nauczyciele, politycy, managerowie, emeryci, artyści, zwykli ludzie, młodzi, średni i starzy – wszyscy jesteśmy tu w tym samym celu: odzyskać radość życia. I cel ten osiągamy. Zobaczycie to po uśmiechniętych twarzach jeszcze niedawno sfrustrowanych kolosów i tryskających radością oczach kobiet, które po latach zaczynają gmerać w szafach w poszukiwaniu dawnych sukienek. Nowe się kupuje na zakończenie procesu :)

Nie ma co gadać, zaryzykuj. Zrezygnować zawsze możesz. Tyle, że jak znam życie, nie zechcesz, jak po tygodniu zerkniesz na wagę.

Ewa Ziętek

Posłuchałam przyjaciółki

Ciągle za mną chodziło odchudzanie, bo chyba zawsze lubiłam jeść. Parę razy próbowałam sama schudnąć, ale przynosiło to efekty krótkotrwałe. Poza tym będąc na tamtych dietach, ciągle chodziłam głodna. Tymczasem moja przyjaciółka schudła ślicznie i to ona powiedziała mi, że Konrad Gaca wie, jak odchudzać, i że otworzył właśnie w Warszawie swoją filię. Zadzwoniłam tego samego dnia.

Najpierw było spotkanie, w czasie którego kilka już odchudzonych osób opowiedziało swoje historie, a Konrad Gaca zaprezentował własny system odchudzania. Weszłam w to. System bardzo mi odpowiadał, bo wreszcie nie chodziłam głodna. Także ćwiczenia bardzo mi się podobały i z radością trenowałam. Na duchu podnosiły konsultacje z Konradem Gacą, który był wyrozumiały dla małych czy większych grzechów łakomstwa, dawał rady. Efekty przyszły szybko. No, ale potem zaczęły się wakacje, wyjazdy, brak możliwości realizacji diety... Pojawiła się też tęsknota za ćwiczeniami i pewnym rytmem, jaki daje program.

Wakacje się niedługo kończą i mam nadzieję, że wkrótce znowu wejdę w ten rytm, który tak bardzo mi odpowiadał.

Moja przyjaciółka miała rację: Konrad Gaca się na tym zna.

NOTATKI

NOTATKI

Kardamon to miejsce, w którym jakość i świeżość produktów jest równie ważna, jak ich smak.

Misją restauracji jest propagowanie zdrowego stylu odżywiania. Każdego dnia selekcjoner ma za zadanie dostarczać do kuchni świeże produkty. Restauracja pracuje wyłącznie na składnikach naturalnych, nie używając ulepszaczy smaku, tłuszczów, półproduktów.

Kuchnia Kardamonu jest kuchnią europejską z podkreśleniem tradycji i upodobań kuchni polskiej. W karcie znajdziemy tatara z polędwicy wołowej przyrządzanego przy stołach Gości, sandacza w sosie z gorgonzoli i porów, halibuta w selerze naciowym i limonce, żur na tradycyjnym zakwasie, kaczkę w sosie żurawinowo-wiśniowym czy solidną porcję steka. Szukając odmiennych smaków, restauracja proponuje paletę owoców morza: od muli i krewetek, po ostrygi otwierane przy Gościach. Niecodzienną dbałość o jakość jedzenia i ekologię w przygotowaniu potraw doceniają Goście nie tylko z całej Polski, ale i spoza jej granic.

Część zdjęć posiłków prezentowanych w tej książce została wykonana dzięki uprzejmości lubelskiej restauracji Kardamon.